2021

&金牛年開運農民曆

開運大預言

雨揚老師——著

CONTENTS
─── 目次 ───

PART
3
易經六十四卦測財運，選對時機賺大錢！ ——

PART
4
2021 開運農民曆 ——

PART

1

2021

牛年運程前瞻

牛轉乾坤
2021 牛年運程前瞻

「牛主乾坤春浩蕩，人逢喜慶氣昂揚。」告別變化多端的鼠年，迎向充滿希望的牛年，加上今年是財庫年，想要賺錢、創業的朋友，可以把握今年一展身手，開創新商機。

昔日農業社會中，牛扮演著極重要的角色：農民需要耕牛犁田，因此讓幫助人民獲取食物的牛有著神聖的地位。古時候的迎春活動中常有以泥土塑造的春牛，歡慶立春的到來，也提醒人們要適時春耕，因此牛也是勤勞致富、吃苦耐勞的象徵。而牛在世界各地也有著許多美好的寓意：在西方文化中，牛象徵著財富及力量，印度教則視牛為神的化身，代表著吉祥如意。

牛的勤奮精神，也正是我們在辛丑年要積極發揮的特點。辛丑年是金牛年，土生金，地支生天干，只要腳踏實地、認真付出，這個金牛年就是最好的耕耘之年。想要讓運勢翻盤，期待「牛」轉乾坤的朋友們，尤其要好好掌握這一年，以絕佳的韌性來迎向挑戰、克服難關，為人生創造美好的篇章。

危機就是轉機，經歷鼠年的種種不安情緒之後，現在就是最好的時機，讓自己沉澱再出發，不管是在事業上重新調整腳步，還是開展全新的感情生活，或是正視健康問題，調整自己的身心靈狀態，相信這一年在大家的努力之下，各方面都會更加提升與轉化，以正能量突破難關。

在開運祕法上，建議大家可以充分運用吸引力法則，向宇宙召喚，獲得飽滿的能量。每天早上 5 點到 7 點，是向太陽祈福許願的極佳時間，此時的生命力旺盛，如同燦爛的朝陽東昇般地充滿著希望及美好的願景。而錯過這段時間的朋友，也可把握早上的 7 點到 9 點，此時是財庫時，想求財的朋友們，一定要趁此時好好祈福，可望得償所願。

除了跟太陽祈願外，辛丑年的五行為金與土，為「土生金」的相生狀態，因此，在家中可以擺設一些石雕、銅雕等雕塑品，活絡土與金的能量。平常可以多佩戴如鈦晶、黃水晶或茶晶類的飾品；也可以多穿戴金銀類的配件，都是能興旺辛丑年運勢的祕法。在迎向財庫年的此時，更可以多擺設貔貅擺鎮，或是佩戴有貔貅的飾品，為自己創造財富好運。

辛丑年同時也是財庫年，想要累積財富的朋友們，可以好好把握這一年，做好妥善的理財計畫。在這一年中，希望各位朋友要以腳踏實地的態度來應對大環境的挑戰，越能以沉穩的態度面對難關，就越能逢凶化吉、財源廣進。

今年坐犯太歲有屬牛的朋友，偏沖太歲屬龍、屬狗的朋友，以及正沖太歲屬羊的朋友，行事作風上也相對要更加謹慎，只要你始終懷抱著正能量，及運用智慧來應對進退，所有的難題都能迎刃而解。此外，也建議可以多以如法製作的天然香品做煙供，上供下布施，能消災解厄，保佑身心安康，家運興旺。

立春開運法 以靈性磁場擁抱好運

二十四節氣以「立春」為首，「立」為開始之意，表示「春天從此開始」，新的一年降臨。西曆 2021 年 2 月 3 日台灣時間 22 點 59 分（亥時）交立春節氣，正

式從庚子鼠年進入辛丑牛年，此分前出生的寶寶仍屬鼠，之後的新生寶寶生肖正式屬牛。即將迎接新生命的爸爸媽媽，請特別注意喔！

自古以來，人們認為立春當日的現象，決定一年運勢，便在這天舉辦各種活動祈求好運。把握好時機祈福，讓你好運一整年！辛丑年立春的吉時之一為上午 11 點至下午 1 點（午時），是一天陽氣最盛之時，可趁這段時間曬衣曬被來接陽氣，把吉運統統帶進門。或到戶外走走，吸收太陽能量，讓你從頭到腳提升靈性磁場，全年都好運！

✦ 國運流年分析

以辛丑立春八字看國運發展

時柱	日柱	月柱	年柱	主星
比肩	命主	偏印	正印	主星
壬子	壬午	庚寅	辛丑	八字
癸	己丁	戊丙甲	辛癸己	藏干
劫財	正正官財	七偏食殺財神	正劫正印財官	副星

立春八字分析

民國 110 年，西元 2021 年（辛丑年）的立春八字為：

辛丑年、庚寅月、壬午日、壬子時。

立春此日八字，壬水生於寅月，雖有汪洋之象，但在病地，是失令之水，已無沖發之性，無水泛濫之慮，因水性已轉弱之故，故壬水偏弱宜用庚金之源。也就是說，相較於庚子年有新冠肺炎肆虐、蝗災、洪水等現象，辛丑年的凶險度會降低一點。

而立春日的八字金水旺，可用丙火去除寒氣，水勢泛濫無止，須戊土透干制水，若殺印並透，定主科甲顯貴，這表示今年在政治及社會各方面仍會充滿變化，但若能用智慧化解，反而是生機盎然的一年，且可以多朝熱帶及歐美國家發展。

今年立春八字可見正印、偏印均現，正印是官位權力的象徵，也是身分地位之代表，表示居上位者或企業主處事勤奮，且具有良善、慈悲之心，也重視學問的充實。但缺點是愛面子，個性固執，也缺乏應變能力。擔任團隊領導者或企業老闆的人的思考會太主觀，聽不進他人的意見，不管發生什麼事，都認為自己是對的，要小心剛愎自用帶來負面的影響。

辛丑年的年支和月支相剋（木土相剋），要特別注意土石流、地震或因地層下陷所造成的災害。日支則和時支相剋（水火相剋），也要注意洪災及火災，發生意外的機會增加，故居家或娛樂場所的消防安全要更留意。

理財投資方面，依照今年國運八字喜用，可朝木、火、土行類別發展，如投資房地產、文創事業、紙業相關、熱食、美妝用品、安養中心、有機農作物、不動產等，依照這些產業來進行投資尤佳。至於股票基金，得長期經營觀察，除非能全心關注股市動態，否則不利短線進出。總之穩健操作，量力而為，可在不景氣的環境中逐步成長。

《地母經》2021 辛丑年原文：

詩曰：

太歲辛丑年，疾病稍紛紛。

吳越桑麻好，荊楚米麥臻。

春夏均甘雨，秋冬得十分。

桑葉樹頭秀，蠶姑自歡欣。

人民漸蘇息，六畜瘴逡巡。

卜曰：

辛丑牛為首，高低甚可憐。

人民留一半，快活好桑田。

「太歲辛丑年，疾病稍紛紛。」：2021 年，疾病可望緩和，但新的病兆仍要提防。

「吳越桑麻好，荊楚米麥臻。春夏均甘雨，秋冬得十分。」：此時倖存的人民將迎接新的紀元，長江下游地區的農業將有好轉，春夏時節雨水充沛，農作物收入頗豐。

「人民漸蘇息，六畜瘴逡巡。」：人們逐漸離開疾病威脅，但是動物疾病可能會在家畜中流行，到時會有很多動物死亡；故要小心豬瘟或禽流感捲土而來，也要留心家畜（馬、牛、羊、雞、狗、豬）或寵物，易流行傳染病。

「人民留一半。」：倘若另一波疫情出現，將會有接近一半的人死於疾病，故也要小心病毒的反撲。

「快活好桑田。」：存活下來的人們將進入新紀元，過著美好富足的日子。

《地母經》的預言令人心驚，對照 2020 年的疫情似乎只是個開始，故 2021 年仍需做好防疫工作，公共場所聚集莫忘基本防護。平時維持良好衛生習慣，亦可多喝養生飲或健康食品來做好養生，養成運動習慣，平安務實地過生活，相信會成為人類歷經磨難後的最大收穫！

紫微四化分析

民國 110 年，西元 2021 年（辛丑年）的紫微四化，分別為巨門化祿、太陽化權、武曲化科及文昌化忌，此四顆星曜其特性相互影響，共同形成了辛丑年的氣場。

◆ 巨門化祿

「巨門星」五行屬水，化氣為暗，生性陰沉，不善人際關係處理，也不怎麼懂人情世故，喜歡自掃門前雪，別人怎麼想跟他一點關係都沒有。當遇到化祿時，則代表開口財，能以感性表達來溝通，易有人群魅力。

「巨門星」主惡時，容易有比較多的口舌是非；主善時，則能言善道，非常適合做協調類的工作，加上富有研究精神，能吸收許多知識，雖然生活較辛勞，但也很有才能，只是常因情緒化的反應影響人際關係，是需要改進的缺點。另外，「巨門」星也容易多慮，如果多接觸宗教或心靈類的領域，可以讓情緒更平穩，也能擁有更多的智慧。

「化祿」代表著能妥善發揮優點，巨門化祿對辛丑年的氣場影響，將反映在許多屬於溝通或業務性質的工作，例如直銷、保險、教師、仲介、網紅等，同時也利於有口福的行業，比方說餐飲業，但人們吃多了可能會有身材肥胖或三高的問題，因此也有利於瘦身行業的興盛及健康食品類的銷售；美食餐飲業當道，從事這方面工作的朋友可以好好把握機會，但也要注意食物保存期限等的食安問題。而在負面影響上，則要注意詐騙行業猖獗，真假虛實難以分辨。

另外，巨門化祿也有助於關係和解。在個人層面上，過去曾有誤會的朋友，有機會盡釋前嫌；曾經分手的愛侶，則有望復合。而在大環境的影響上，則可以讓社會各階層有更多對話的機會；對立的政黨間，可望透過不同管道達到共識，有助於社會融洽。

✦ 太陽化權

「太陽星」的五行屬陽火，可以想像為耀眼光明的朝陽。「化權」則代表著引領眾人的方向，在化氣為貴、主掌官祿、事業的「太陽星」引導下，今年對於平常默默耕耘的人們來說，會是個大放異彩的好時機，無論在職場還是人際關係上，皆助益良多。

雖然可以獲得升官加薪、社會地位提升的機會，但特別要注意不要過於自我，獨斷獨行，多傾聽他人的想法及意見，多熱心於社會公益活動，能讓運勢更提升。

另外，化權主雙，太陽主學習，因此今年預計會有很多斜槓青年出現，受薪族發展正副業，或者以多元化的方式經營自己的人生，都可展現多樣的才華。想成立工作室，或者展店開業的朋友，也可趁今年好好表現。

太陽主頭，對於個人來說，要特別注意頭痛的毛病，且血壓、視力也可能病變，要格外注重保養。

✦ 武曲化科

「武曲星」的五行屬陰金，化氣為財，是主管財富跟權力的財星。「化科」則表示名氣增長或曝光，喜歡為門面、面子打點而花錢，也有可能為了面子而不得不借錢出去，容易被表象迷惑而亂投資。因 2022 年為壬寅年，武曲轉為化忌，所以要注意 2021 年可能花太多裝潢費裝修或胡亂投資而上當。若能多行善業，可免破財危機。此外，「武曲星」也具有剛毅果斷的特質，有利於具備開拓性人格特質的朋友，在今年創造新的商機，只要努力實踐目標，獲利豐厚指日可待。

「武曲星」也有固執的缺點，過於稜角分明，容易給人一意孤行的印象。如果為了爭名聲，而忽略周遭人的感受，反而有損人緣。因此，要適時地控制情緒，不要過於直來直往，尤其在名聲上揚的時刻，更容易成為外界焦點，謹言慎行，有助於行事更加平穩。

因「武曲星」主財，2021 年可以審慎評估，適度地進行投資配置，無論股

票或房地產，只要掌握好時機，將可望賺進極佳的利潤。

「武曲化科」也有利於幫助人建立或提升形象的行業，例如公關業、美妝業、醫美業、廣告業、室內設計或裝潢業等。當知名度上升，所帶來的商機及利潤將非常龐大，是累積財富的好時機。

◆ 文昌化忌

「文昌星」的五行屬陽金，化氣科甲，具有領導及組織才能，才華能展現在學術、讀書、文藝、研究等方面；「化忌」則表示欠缺、挫折、阻礙、破壞等。因此，文昌化忌表示容易在文書作業、契約合同上出錯。另外，包括支票背書、利息也可能出問題，並要注意因過度相信網路的假訊息而上當。

同時間，也要當心在構思發想或研擬企畫案上出現瑕疵錯誤，導致違法，此時要格外注意，別因粗心大意而惹禍，任何經手的文件都需來回檢視，將出錯率降至最低。此外，也要小心重要文件被竊取、抄襲、商業侵權等，所有商標都需妥善註冊，避免將來被其他人濫用而導致官司糾紛。電腦、電話、雲端空間，也要提防遭到駭客入侵，造成金錢與名譽受損。

文昌化忌也不利於求學或應試，有些學生可能會遇到學業被迫中斷的狀況，部分考生在參與考試時，也可能出現拉肚子、發燒，或是緊張到過度焦慮、記憶一片空白等問題，因此在考前要謹慎地將文具準備周全，盡量放鬆，以免考試失常。另外，也要注意牙齒或神經系統方面的健康問題，老人家則要避免

搬提重物，多保養關節及口腔。

- -

綜合以上四化星相互影響的結果，辛丑年將在政治上呈現新的氣象，並有許多利於各工商界發展的利多政策實施，有助於勞工商辦、各行各業的繁榮發展。而網路寬頻速率將推動 5G 的突破，各大行動通訊及電信業者也將搶進商機，帶動新的資費方案及換機潮。

在外交上亦有突圍的表現，可以獲得更多在國際間發聲的空間。而在民生上，則有許多便民利多的政策上路，比如育兒津貼加碼或教育補助延長年限等，獲得民眾的支持。

在經濟方面，則以傳統產業、文化創新、餐飲服務、在地小吃、奢侈精品、老人照護、網路電商、直播電商銷售等最興旺活絡。整體來說，辛丑年的國運將進入非常活躍的年度，但同時間受到天災侵襲的比例也將大大提升，極端氣候變遷的影響更是不容小覷，尤其農曆六月到農曆八月這段期間，台灣北部及南部需嚴防颱風及地震，避免狂風暴雨引發土石流造成災難，以及農作物短少歉收的現象。建議每個人要多多行善，累積更多現世福報，在遇上災變時，可以化險為夷，度過危機。

2021 辛丑年
九宮飛星風水開運布局

　　希望好運在日常生活中形成一個源源不絕的正循環，就要了解風水學中有著舉足輕重地位的「九宮飛星」，進一步幫你趨吉避凶、增財添富、大吉大利。「九宮飛星」是東方風水學上判斷方位吉凶的重要依據，相傳天上有九顆星曜，每年依序當值，飛臨地上九宮方位。地面九宮的方位源自河圖、洛書，小至個人書桌、大至億萬人的國度，甚至世界七大洲，皆可劃分成九宮格做風水上的布局，運用範圍巧妙無窮，帶來個人與家宅的好運。

2021 九宮飛星圖

□破軍（金） 西北（金）	★巨門（土） 北（水）	☆右弼（火） 東北（土） ★太歲方
☆左輔（土） 西（金）	☆武曲（金） 中（土）（中宮）	☆文昌（木） 東（木）
★祿存（木） 西南（土） ★歲破方	☆貪狼（水） 南（火）	★廉貞（土） 東南（木）

☆表吉星　★表凶星　□表吉凶互現

「風水輪流轉，好運到我家！」掌握九宮飛星的特質與相應方位後，再透過風水擺鎮妥善布局，強化吉星能量、制服凶星煞氣，便能轉危為安、開運聚吉，為自己的人生加分，好運一整年！

開運重點	星曜	2021 布局方位
招財富 旺事業 添運勢	貪狼星	南方
	武曲星	中宮
	左輔星	西方
旺桃花 增人緣	右弼星	東北方
	貪狼星	南方
	文昌星	東方
求功名 開智慧	文昌星	東方
避煞氣	巨門星	北方
	祿存星	西南方
	廉貞星	東南方
吉凶互現（偏財運）	破軍星	西北方

貪狼星

星曜屬性：**五行屬水**

今年布局方位：**南方**

開運重點：**事業運、財運、職場人緣**

貪狼星掌管事業和功名，是財星及官祿星，

也稱「副文昌星」。特性是有行動力、交際手腕靈活，對追求名聲與財富充滿企圖心，最適合提升事業運及職場人際關係，相輔相成，帶來財運。

開運五行能量：**金行**

2021 年的貪狼飛臨南方，屬火的宮位會剋洩吉星的水行能量，讓貪狼的優勢難以施展，最好的方式就是用金行催旺吉星能量，也可洩剋火行方位能量，減少對吉星的影響。

開運寶物推薦：**銅雕聚寶盆、銅雕蟾蜍、銅雕牛飾品、白水晶擺陣、金漆葫蘆等。**

巨門星

星曜屬性：**五行屬土**

今年布局方位：**北方**

開運重點：**健康**

「巨門星」是九宮飛星中的凶星，也有「病符星」之稱，在居家風水上會帶來災厄疾病，使人意志消沉、陷入憂鬱傾向，甚至疾病纏身。倘若家中有老弱幼童，更是要小心提防。

開運五行能量：**水行**

五行屬土的巨門，今年飛入屬水的北方，剋制了方位能量，凶星能量無法被減弱，又因為凶星不可以直接剋制，以免催發凶性，所以我們可以加強水行能量，用水生木的特性，輾轉用木行能量來剋制凶星的土行能量。

開運寶物推薦：**黑曜石神獸、平安扣擺陣、黑色煙供爐、黑色心經掛飾等。**

祿存星

星曜屬性：**五行屬木**

今年布局方位：**西南方**

開運重點：**人際關係**

「祿存星」主口舌紛爭，又名「是非星」，使人個性急躁、口不擇言，人際關係失和，甚至引發官非訴訟。為了遏止凶星發威，可有效布局居家風水，以達到趨吉避凶的效果。

開運五行能量：**火行**

屬木的祿存星今年飛臨屬土的西南方，木剋土，凶星剋制了方位能量，我們可以在此方位擺放火行能量的開運物，讓火行去洩掉凶星的木行能量；又可以發揮火生土的效用，土再生金，再用金行能量輾轉剋制木行能量。

開運寶物推薦：**因今年此方為歲破方，所以最好是選擇屬火行，穩固、厚重的風水擺件，如瑪瑙、紅珊瑚、粉晶，能祥刻成神獸造型最佳；切記不可使用會流動的物件，例如流水盆。**

文昌星

星曜屬性：**五行屬木**

今年布局方位：**東方**

開運重點：**智慧、功名、人緣**

「文昌星」掌管功名學業，還能開智慧，也有「副桃花星」的美稱。有此星幫忙，除了讓學業、事業進步，在人際桃花上也容易圓滿，擁有融洽的好人緣。想在今年祈求智慧、功名、人緣的朋友，別忘了好好布局文昌星飛入的方位。

開運五行能量：**木行**

此星五行屬木，今年飛入的東方位也屬木，木木比和，能發揮木性互相扶持之助力，所以可擺放木行能量的擺件，加強吉星能量。

開運寶物推薦：**木製文具、東菱玉擺件或屬於水行能量的紫晶洞，以水生木補運等。**

廉貞星

星曜屬性：**五行屬土**

今年布局方位：**東南方**

開運重點：**安康、化煞**

「廉貞星」凶性最強大，又稱「關煞星」，主管血光災禍、破財傷病，會阻礙運勢發展。

此星飛入的方位亦不宜動土修造，以免招來災厄。對治這顆凶星，一向是每年九宮飛星的風水布局重點。

開運五行能量：**水行**

　　此星五行屬土，今年恰好被木行的東南方位剋制，但為避免凶性被激發，最好是擺放水行風水寶物，水可洩剋土行能量，又能生木行來剋土。如黑曜石擺陣、葫蘆最佳。

開運寶物推薦：**黑曜石、青金石的天然半寶石，雕成龍龜、四神獸造型更佳；黑色煙供爐也可以。**

武曲星

星曜屬性：**五行屬金**

今年布局方位：**中宮**

開運重點：**事業運、財運**

　　「武曲星」主管掌權和進財，對變動有利，又稱「驛馬星」。在古代是庇佑武官的大吉星，利於軍警、外勤、武術體育及技職人員。武曲與貪狼、左輔同為三大財星，對提升正財收入、買房置產、升遷加薪有不小的助力。

開運五行能量：**土行**

　　武曲星五行屬金，今年飛入屬土的中宮。土生金，生旺為吉，方位能量正好加強了吉星能量。若想在今年提升事業運與財運，讓吉星威力更上層樓，可運用土行風水寶物催旺吉星能量。

開運寶物推薦：**黃玉蟾蜍、銅雕聚寶盆擺陣。**

破軍星

星曜屬性：**五行屬金**

今年布局方位：**西北方**

開運重點：**偏財運**

「破軍星」是吉凶互現的星曜，主管偏財運，利於娛樂、投資、博弈及特殊行業，不過也掌管破財損丁，有大破大立的過路財神特性。因此如何鞏固偏財運、帶來意外收入，就是風水布局的著力點。

開運五行能量：**土行**

此星五行屬金，今年飛入屬金的西北方，金金同屬性，對催旺破軍的吉星能量幫助不大，加上破軍星吉凶互現的性質，我們可以選擇化煞氣、厚實的土行能量寶物，溫和地催旺它的吉星特性。

開運寶物推薦：**如黃玉元寶、黃玉吉象、陶瓷擺陣。**

左輔星

星曜屬性：**五行屬土**

今年布局方位：**西方**

開運重點：**正財運**

「左輔星」掌管功名和富貴，是九星中的第一大吉星，也稱「財帛星」與「鴻運星」，對提升事業與財運的幫助最大。各行各業

的朋友若想升官發財、增加固定正收入，今年妥善做好風水布局規畫，將讓你富貴臨門、福祿雙收！

開運五行能量：**火行**

　　此星五行屬土，今年飛入屬金的西方，土生金，吉星能量會被洩。可選擇火行能量加強左輔威力，也能減少方位能量的影響。

開運寶物推薦：**粉晶、紅瑪瑙、紅色畫作、紅色抱枕，紅色系的聚寶甕。**

右弼星

星曜屬性：**五行屬火**

今年布局方位：**東北方**

開運重點：**姻緣、添丁、人緣**

　　「右弼星」是喜神之星，對婚嫁喜慶、子女運及貴人運能帶來助力。有懷孕計畫、想生小寶寶的朋友，或是想求姻緣、廣增人脈的朋友，一定要對此星飛入的方位好好布局，讓右弼星發揮幸福的庇佑力。

開運五行能量：**木行**

　　此星五行屬火，飛入屬土的東北方，火生土，吉星能量被洩，此方位今年又恰好為太歲方，可以選擇木行能量的風水寶物來加強右弼星威力，也可洩剋土行方位能量。

開運寶物推薦：**如木雕神獸、東菱玉貔貅、螢石、孔雀石龍龜或晶柱。**

PART
2

2021 十二生肖
流年流月運勢大解析

十二生肖
總運前言 & 排行榜

　　各位親愛的朋友們，我是雨揚老師。一轉眼時序就進入辛丑牛年，生肖運勢的排名也再次重新洗牌，相信大家都很關心自己所屬的生肖今年運勢會如何。只要能洞燭先機，就可以創造命運，為自己帶來更多的正能量，擁抱喜悅的人生。

　　首先，要恭喜生肖「馬」、「鼠」、「雞」的朋友們，今年的生肖排名躍居前三名。馬朋友在去年經歷過諸多考驗和難關後，迎來了大吉星「紫微」，加上諸多

吉星拱照，大小好運不斷，行事更容易成功。另外，也要替鼠朋友們開心，終於順利熬出頭，不必擔心會遇上太多的阻礙或打壓；相反地，會有更多的貴人相助，支持你的決定並輔佐你一路攀向高峰。而排名第三的雞朋友，坐擁「三合」、「三臺」好運，讓你的事業、愛情均豐收。

其他運勢排名較後面的朋友也不用太灰心，雖然大環境的嚴峻考驗仍在，面臨著諸多課題，但只要各位朋友參照書中的提點去做，即使處於困境之中，也能披荊斬棘，順利度過難關。雖然生肖運勢是有根據的，但是運程的好壞會受到許多因素的影響，只要隨時對自己充滿信心，且召喚宇宙的正能量，相信每個人都能逢凶化吉，迎向光明的前程。

為了不負大家的信任，每年我都耗費很多心力在撰寫運勢書，就是希望能盡一點棉薄之力，以命理的專業知識來幫助大家趨吉避凶，讓每個人都能提早掌握先機，順利避開違緣障礙，扭轉乾坤。最後祝福各位朋友在辛丑年一切順利，平安健康！

雨揚老師開運小叮嚀

生肖牛、羊、龍、狗，記得要安太歲，穩定運程，保佑諸事安康

太歲也被稱為「歲神」、「太歲君」，相傳共有六十位太歲將軍，每年輪流掌管人間的禍福吉凶，是謂「六十甲子太歲」，而當年輪值的太歲將軍則稱為「值年太歲」。2021辛丑年，將由楊信大將軍值年。本命年的生肖需要安太歲，與太歲正沖或偏沖的生肖，也需在年初時撥冗安奉太歲，祈求新的一年能夠平安健康、事事順心。

辛丑年是牛年，需要安太歲的生肖包括：坐犯太歲的「牛」、正沖太歲的「羊」、偏沖太歲的「龍」與「狗」。這四個生肖今年的流年運程會有較多波折，其中又以正沖太歲的羊最為顯著。建議在農曆正月十五之前，擇吉日完成安太歲儀式（可參考書後的農民曆，選取宜祭祀、祈福之日），以祈趨吉避凶。另外也可去廟宇請一道太歲符回來，安放在家裡的佛堂或書房來安太歲，或是在家中祭拜太歲星君，也可至廟宇點光明燈來照亮前途、安穩運程。到了年末，需記得於農曆十二月廿四日早上，備金紙與供品酬謝太歲星君一年來的照顧，常懷感恩之心，必能福澤綿延，萬事吉利。

※忙碌的朋友也可以選擇近年流行的線上點燈、安太歲服務，只要誠心祈禱，效果與現場辦理相同。

鼠

貴人助運年

吉星｜太陽、六合、玉堂、歲合
凶星｜天空、晦氣、陰煞

揮別去年太歲帶來的不利影響，生肖屬鼠的朋友在今年擁有數一數二的好運，因為有了「太陽」吉星的照耀，整個人變得耀眼奪目，行事也更有衝勁，再加上貴人的幫助，一切進展順利。另外，天生有些敏感的鼠朋友，別將一些小事放在心上，一直糾結對自己沒有好處，只要做好自己該做的，自然就會有好結果。

事業好運指數 ★★★★

職場人際關係活絡，不管是主管或同事們都很好相處，上班氣氛和樂融融，而且同事之間也願意互相幫忙，幫鼠朋友省了不少力，尤其是當你陷入思考的迴圈時，適時地予以當頭棒喝，讓你瞬間想通所有事情，原定的計畫也能夠繼續進行。反應機靈的你，還能在關鍵時刻發揮作用，順利化解危機，出色的表現令大家相當讚賞，記得要多肯定自己，有機會就去嘗試，才會有更好的發展。

財運好運指數 ★★★★

財運上也有貴人相助，讓你不必煩惱錢的問題，基本的開銷都還算夠用，只要踏實耕耘，就能領到應得的收入。若想多賺一點錢，也有信任的長輩幫你介紹兼差工作，好好把握機會，不僅讓荷包充實，也能從兼職工作中獲得物資餽贈，福氣滿滿。不過要注意，因為鼠朋友為人慷慨大方，很難禁得起推銷員的悲情攻勢，一股腦兒就把產品買回家了，想守住財富，還是要理性應對。

愛情好運指數 ★★★★★

　　機靈的鼠朋友是許多人心目中的理想對象，博學多聞又充滿魅力，很容易就令人為之傾倒，只要你也肯投入真感情，相信很快就能擁抱幸福，再加上有「六合」吉星的幫助，不管走到哪都能受到歡迎，開心地與人交流。身邊的每位朋友都有可能成為你的貴人，給予意想不到的幫助，不可心直口快得罪人，否則吃虧的是自己，應和顏悅色地對待別人，才會得人疼愛，間接帶來不少好處。

功名好運指數 ★★★★

　　吉星助運，學習上能快速掌握要點，節省許多摸索的時間，遇到不懂的地方，一定要想辦法搞懂它，千萬不要似懂非懂地帶過，以免事後要花更多時間去研究。此外，要謹記「今日事，今日畢」的道理，念書才會更有效率，雖然偶爾有提不起勁的狀況，仍要想辦法集中注意力，例如找同學一起去圖書館念書，確實地安排好讀書進度，才能放心休息。

健康好運指數 ★★★★

　　身體保養得宜，假使朋友們三不五時地約你出門走走，可別找藉口拒絕，多運動對維持身材大有幫助；對於想減重的鼠朋友，只要持之以恆，一定能順利達成瘦身目標，蛻變成更自信的自己。除了要培養運動的習慣外，均衡飲食更是健康的關鍵，和朋友們聚餐時不要太放縱，管住自己的嘴巴，以免吃了太多油膩的食物，導致腸胃吃不消，減重計畫也容易失敗。

化煞小提點

　　屬性特殊的「天空」星，主要代表空亡，雖可化空凶星的威力，使其降低殺傷力，但也會削弱吉星的力量，致使好運無法延續，必須要有堅持到底的決心才能成功。建議隨身佩戴刻有《心經》的飾品，當思緒混雜時，有助於安定心神，消除負面思想，讓心不再迷惘，堅定地走向目標。

鼠

	事業 ★★★
1 月	財運 ★★★
	愛情 ★★
	功名 ★★★
JANUARY	健康 ★★★
	鴻運日 5、23

　　在這充滿機運的月份，任何事情都有可能發生，千萬不要小看自己，應該多發揮自己的聰明才智，努力去爭取想要的機會，才能獲得理想成果。

　　在事業方面，老闆可能會派給你新的任務，可能是以往未曾接觸過的領域，或是之前不敢嘗試的業務，只要盡全力去做，不僅會學到很多專業技能，對未來發展也有極大的助益。如果對於原本的工作感到倦怠，那麼接受這個挑戰，將能為事業注入新的活水，有助於找回工作動力，說不定還能趁機轉型，朝著自己更喜歡的方向發展。

　　這些努力不會白費，將會帶來豐厚的收入，因此別害怕辛苦，嫌麻煩而推辭，有時比別人多做一點，甚至跑遠一點拜訪客戶，得到的回饋將會超乎預期。

	事業 ★★★
2 月	財運 ★★★★
	愛情 ★★★★★
	功名 ★★★
FEBRUARY	健康 ★★★
	鴻運日 6、12、18

　　雖有凶星干擾，行事稍有阻礙，但不必太擔憂，關鍵時刻會有貴人挺身而出，只須照著他們的指示去行動，必定能夠逢凶化吉，取得成功。

　　有些事情在你心裡早有答案，只是被不安感籠罩著，才不敢邁出腳步；其實你不必顧慮太多，想做就去做，自然會有好結果。在感情方面更是如此，與其故意裝作不在意，不如大方表達關心，多找機會跟對方聊天、邀約對方一起參加活動，讓關係變得更靠近，相信愛情很快就能開花結果。

　　工作的空檔，不要一直坐著，偶爾也要站起來走動，讓筋骨伸展一下，有助於消除生活的緊張和疲憊感。此外，放假時也可揪好姐妹一起去喝個下午茶，或是約好兄弟出門聚聚，互相聊聊彼此的近況，排解心裡的煩憂，心情更放鬆愉快。

3_月	事業 ★★★★ 財運 ★★★★ 愛情 ★★★★ 功名 ★★★★ 健康 ★★★
MARCH	鴻運日 7、18、27

吉星入駐，事業和財運皆有好運，一切都朝著更好的方向去發展，生活順心如意。不僅如此，還有各種好機會到來，只要能夠把握住，便能創下佳績，驚豔全場。

這個月對事業充滿了企圖心，腦袋裡也有好多計畫想要實踐，勇敢提出這些想法，將能獲得主管的認同，並願意給予很大的權限去執行，做起事來無比順遂。如想挑戰更高難度的業務，也可趁此時毛遂自薦，展現自己多元的面貌，自然會被更多人注意到，帶來更好的發展契機。

工作上的好表現也反映在收入上，只要有付出就有回報，而且得到的遠遠比想像中的還要多；因此，行事之前務必做好長遠規畫，不要隨波逐流，而是要引領市場的潮流，才能夠向上攀升，並獲得高額的獎金或分紅。

4_月	事業 ★★★ 財運 ★★ 愛情 ★★★ 功名 ★★★ 健康 ★★★
APRIL	鴻運日 6、12

受到凶星壓制，生活中出現不少阻礙，打亂原定的計畫，導致做事情常拿捏不定主意，心裡感到莫名的憂慮。此時要敞開心房傾聽別人的意見，才能夠找到方向，也許還能因禍得福，迎來更多的好運。

在財運方面要多注意，恐有小破財危機，錢可能來得快、去得也快，建議要開始記帳，才能更了解錢花到哪裡去，無形中也能減少亂花錢的行為，把錢存下來。若是手邊有閒錢可運用，請先存下一半的金額，以備不時之需，剩下的錢才是可以隨心所欲花費的，如此一來，也能穩住財務狀況。

至於學業方面要多加把勁，如果跟不上大家的進度，可利用課餘時間請教師長，原本課堂上聽不懂的地方，透過老師用不同的舉例來說明，你會瞬間恍然大悟，掌握到箇中要領，讀起書來更事半功倍。

5月	
MAY	事業 ★ 財運 ★ 愛情 ★★ 功名 ★★ 健康 ★★ 鴻運日 13

　　最近有種任人擺布的無力感，甚至還可能要幫人擋刀，真的是苦不堪言。這些考驗雖然很殘酷，但情況不至於太糟，只要盡全力去補救，終究能熬過去，看見曙光。

　　對於上班族來說，發展更是處處受限，很多事情都使不上力，卻又無法置之不理，讓心情有些沮喪，但還是要保持冷靜，不可魯莽行事，才能從危機中看見轉機，逐一擊破棘手的難題。先前擱置的問題又再次出現，逼得你不得不面對，如果該捨棄就不要再拖延，趕緊下定決心處理，以免事態變得更嚴重。

　　另外，投資方面不宜太過樂觀，最好先將手邊的資金適時減碼，不要有小賺就急著再加碼，太過衝動很有可能會買到高點，一不小心就被套牢，急著用錢的話，可是會讓經濟陷入困境。

6月	
JUNE	事業 ★★★★★ 財運 ★★★★ 愛情 ★★★★ 功名 ★★★★★ 健康 ★★★★★ 鴻運日 1、13、26

　　歷經種種考驗，終於鹹魚翻身，你的努力將會被看見，該獲得的名聲、地位、財富一樣也不少，是值得衝刺的好時機。若能把握好每個機會積極表現，成功將非你莫屬。

　　想要事業發展得更好，這段期間不可懈怠，認真對待手邊的工作，即使是很小的事情也要把它做好，敬業的態度將會為自己加分，亦能贏得更多好感與支持，日後做起事來會更如魚得水。在學習方面，因為朋友之間的互相激勵，而有了念書的動力，也會心血來潮想考張證照，提升自己的實力；總而言之，此時學習將有很好的成效，非常有機會考取理想的學校。

　　先前的財務漏洞也逐漸填補上，手邊有充足的資金可運用，不妨開始留意貴人提供的發財機會，趁這段時間好好研究及布局，對於增添財富有極大助益。

<table>
<tr><td>**7** 月
JULY</td><td>事業 ★★★
財運 ★★★
愛情 ★★★★
功名 ★★★
健康 ★★★
鴻運日 2、8、20</td></tr>
</table>

　　人際關係的拓展是通往成功的關鍵，尤其在事業方面更是顯著，應多聽取他人的建議來行事，並打開心房去接受他人的幫助，將會讓一切更加順利。

　　這段期間，你的意見開始被大家重視，有好的表現機會，主管也會優先想到你，還可能推派你去談生意，記得做好萬全準備，才不會辜負他的期待；與同事之間的交流也變多了，大家一起討論公事，你的機智反應時常發現隱藏的問題，並提出解決的方法，讓工作得以順利推動，也深獲大家的信賴。

　　不過，也會因為與人互動頻繁，聚餐的邀約變多，導致應酬開銷增加，但你也會因為他們的引薦，順利找到厲害的業界前輩指導，對事業發展相當有利，有活動邀約不妨爽快答應，將可帶來意想不到的機緣。

<table>
<tr><td>**8** 月
AUGUST</td><td>事業 ★★★★
財運 ★★★★★
愛情 ★★★★★
功名 ★★★★
健康 ★★★★
鴻運日 2、11、27</td></tr>
</table>

　　延續先前的好運，各方面都維持在不錯的水平，身邊的人對待你也都非常友善，不吝給予許多幫助，關鍵時刻更是一盞明燈，指引你往對的方向前進，做出最有利的決定。

　　愛情方面有好運降臨，只要展現直率的一面，自然會有欣賞你的人出現，且對方各方面的條件都很優秀，是你會喜歡的類型；在他的心裡，你是很特別的人，所以只對你特別照顧，讓你感受到被愛包圍的幸福。想要求子的夫妻，心情放輕鬆，就有可能在這個月順利懷孕，家人都相當期待寶寶的誕生，要好好照顧身體。

　　財運持續上揚，進行的投資尚有獲利的空間，可以繼續持有，以賺取更多的報酬。若是有想投資的新標的，建議多跟長輩打聽是否值得買入，可聽到實用的情報，有助於提升獲利。

9月	事業 ★★★★
SEPTEMBER	財運 ★★★
	愛情 ★★★
	功名 ★★★
	健康 ★★★
	鴻運日 10、22

進入事業的成長階段，生活的重心都放在工作上，將會為了達成目標一肩扛起責任，來證明自己的實力。雖然過程並不輕鬆，但你很樂在其中，相信只要持續努力，必定能實現目標。

因為負責主導專案，與主管之間的互動會比較密切，有任何想法都能直接傳達給他們，錯誤的地方也可立即修改，減少來回溝通的時間，工作效率變得更高。靠著你一步一步的努力，成功擠進決策的核心，掌握更大的行事權限。

賣命工作的狀態，讓生活和工作有些失衡，即使下班了你還是會忍不住處理公事，甚至在搭車時心不在焉，或在開車等紅燈的空檔回覆訊息，這些都是很危險的行為，一不小心就可能發生意外，不可輕忽！千萬別讓自己太累了，該休息就好好休息，才能在職場上有好表現。

10月	事業 ★★★★
OCTOBER	財運 ★★★
	愛情 ★★★
	功名 ★★★
	健康 ★★
	鴻運日 3、27

逢變動有利的吉星降臨，只要做好準備，不怕沒有出頭的機會。尤其是在事業方面，將迎來更好的發展機遇，如被外派到海外出差或異地參訪交流，是個很好的學習機會，要好好珍惜。

近期將會遇見很多厲害的專家，除了在公開場合互相寒暄外，也不要錯過私下交流的機會，有關工作方面的問題都可以請教他們，會得到很實用的建議。空檔的時候，也可以多觀察這些前輩做事的方法，以及如何管理時間，學起來保證受用無窮。總之，每一次差旅都會帶來新的啟發，把這些想法運用在提案上，將能擦出新的火花。

不過，出門在外容易有水土不服的情況發生，嚴重的話還可能影響行程，建議飲食上要注重乾淨衛生，避免喝到不乾淨的水或到衛生條件不佳的路邊攤用餐，導致腸胃不適。

<table>
<tr><td>11月
NOVEMBER</td><td>事業 ★★★
財運 ★★★
愛情 ★
功名 ★★
健康 ★★
鴻運日 10、28</td></tr>
</table>

運勢普通，在事情尚未拍板定案之前不可鬆懈，以免忽視細節，功虧一簣。其次，不管外界是否看好，都無須過度理會，只要堅定信念，必定能達成目標，用實力證明自己。

工作上將面臨新的挑戰，一些困難的差事沒人想做，最後可能落到你身上，即使沒有相關經驗，也需硬著頭皮去協助處理，壓力勢必相當大。不過，努力是有代價的，只要事情處理得當，將能突顯你的價值，帶來名利雙收之效。

在財務規畫上眼光要放長遠，盡量選擇有穩定報酬的投資標的，不要為了賺快錢而買投機股，不僅有可能賺不到錢，甚至還賠了辛苦賺來的血汗錢。另外，別忘了維護好跟長官的關係，那麼有好的分紅機會，一定少不了你的份。

<table>
<tr><td>12月
DECEMBER</td><td>事業 ★★★★
財運 ★★★★
愛情 ★★★★★
功名 ★★★★
健康 ★★★★
鴻運日 1、5、29</td></tr>
</table>

逢貴人吉星照拂，不僅各項事務進展順利，與人之間的交流也非常愉快，是相當順遂的月份。尤其在愛情、友情、親情方面，可以很好的交流，也收到很多的幫助。

從事業務工作的朋友，有了這些助力，在尋找新客源上更精準，不必四處撒網行銷，而是直接向有需求的人介紹產品，成交率自然也會大幅提升。當然也會有一些客戶提問的問題比較多，千萬不要擺出不耐煩的姿態，記得保持微笑，才會讓客戶留下好印象，心甘情願掏錢買單。

單身的朋友可趁這個月份多參加活動，認識一些不同領域的新朋友，不僅能擴大交友圈，也能增加遇到好對象的機會。即使是不擅長交際的人，都會遇見聊得來的新朋友，暢談有興趣的話題，讓生活變得更多采多姿。

第 11 名

牛

正向思考年

吉星｜華蓋
凶星｜黃旛、伏尸、太歲、破碎、劍鋒、的煞

今年是生肖牛朋友的太歲年，考驗自然也相對比較多，但如果都能沉著應對，發揮智慧並妥善處理，凡事皆有可能逆轉勝，反而是個大好年；但相對地，如果牛朋友自亂陣腳，那就可能會面臨諸事不順的困境。因「華蓋」星入駐，可以多運用宗教上向善的力量，就能逢凶化吉。

事業好運指數 ★★★

牛朋友的才華在今年會備受矚目，但所有的靈感與才氣能否徹底發揮，還需要天時、地利、人和。你可能會面臨團隊合作上的挑戰，例如工作夥伴間的失和，造成效率遲緩，又可能必須多費唇舌，才能贏得上司的信賴，順利讓專案進行下去。倘若牛朋友能好好發揮個性沉穩的優點，並將所有的磨難當作學習的課題，反而會讓人更佩服你的韌性。

財運好運指數 ★★

受到凶星的影響，今年的牛朋友在理財上要千萬留心，不要大刀闊斧地投資，否則很容易虧錢，最好要多方請教理財專家，選擇最有利的方式來投資，像穩定配息的股票或基金，以及房地產，都是可以考慮的項目。另外，消費之前要先精打細算一番，不要貿然花錢採購，比較之後會找到更便宜的賣家，只有謹慎理財，今年才不會發生破財危機。

愛情好運指數 ★★

對另一半總是盡心盡力的牛朋友，今年卻容易在內心滋生一種孤獨感，覺得對方不瞭解你的付出，也不明白你的內心渴望，甚至會出現有一種想要獨處，不被打擾的念頭，讓你跟對方漸行漸遠，加上牛朋友在今年遇到的難關特別多，情緒也比較緊繃，假使沒有跟對方好好溝通，關係會變得很疏離。建議要打開心房，跟對方培養共同的興趣來讓情感回溫。

功名好運指數 ★

雖然努力爭取出頭的機會，但今年的牛朋友卻容易事倍功半，受到外務影響而無法專注心思在工作或念書上，對想求升官，或是求考試佳績的牛朋友相當不利，加上沒有貴人幫助、也沒有名師提點，只能靠自己的牛朋友自然壓力倍增，但假使能夠克服這些逆境，冷靜應對所有難題，就可能獲得比較好的成績。記得隨時提醒自己累積實力，正向思考，成功總有一天會到來。

健康好運指數 ★★

今年的牛朋友要多注意不要積勞成疾，或因焦慮過度而造成身心負擔，除了飲食正常之外，要盡量讓自己不要患得患失，造成晚上失眠。建議可以在睡前點上薰香，或者塗抹精油放鬆，也可以聆聽一些靜坐導引來淨化心靈，重新歸零。只要能夠讓情緒平穩，睡眠充足，白天打拚時也比較有體力，擁有飽滿的精氣神，比較能遠離疾病侵擾。

化煞小提點

「太歲」星入駐時，凡事吉凶參半，一切仰賴智慧解決，切記不要強出頭，在遇到考驗時，要保有正能量，不要消極以對，積極且樂觀地面對人生，就能逢凶化吉。建議年初時至廟宇或在線上安太歲，點光明燈，今年也可以多參加喜宴沾喜氣，多做善事來消災解厄。

牛

農曆
流月運勢

1月

JANUARY

事業 ★★★★
財運 ★★★
愛情 ★★★★★
功名 ★★★
健康 ★★★★
鴻運日 **7、10、22**

好人緣讓生活變得豐富起來，各類聚會、出遊大都能夠順利成行，各種困難也都能找到對該領域比較熟悉的朋友，商討該如何處置，大大減少了「萬事起頭難」的煩惱。

桃花姻緣暢旺的本月，不但有較多機會擴展交友圈，更能從中認識令人心動的好對象，單身朋友一定要好好把握，積極勇敢地追愛，開啟美麗新戀情；有伴者以熱烈的情感包圍伴侶，一來一往的甜蜜互動，讓彼此的默契越來越好，關係也越來越緊密，成為良好的生活伴侶。

職場生活偶爾忙中有亂，無法照顧到每一個細節，幸好在同事們的支援下，成果還是很不錯；如果遭遇較大的決策難題，可向年長的男性朋友請教，

借重他們的經驗與智慧，跳出自我框架，將能找到更合適的答案。

2月

FEBRUARY

事業 ★★
財運 ★★★
愛情 ★★
功名 ★★
健康 ★
鴻運日 **1、25**

發展有點受限，在事業、學業上總是感到莫名沮喪、提不起勁，無法全力以赴，其實問題的癥結多半受外在環境影響，尤其是家中成員失和，先平息家中紛擾才是正解。

低落的情緒不但影響到外在表現，對身體健康的影響也不容小覷，可能造成失眠、淺眠等問題，使得精神不濟，也令抵抗力降低，經常生病感冒，包括壓力症候群及難以根除的小毛病，容易在此時浮現出來。不妨請個假，面對健康問題，並暫時遠離令人沮喪的種種因素，專心關注自己，調整心情與心態。

此外，由於外來的助力比較少，也欠缺可以商討的對象，許多事情需要自己想辦法，也無法找人代勞，時間調配比較困難，需要審慎安排，才能更有效率地將事情完成。

3月 MARCH	事業 ★★★ 財運 ★★★ 愛情 ★★★ 功名 ★★★ 健康 ★★ 鴻運日 **11、20**

運勢漸漸回溫，突發狀況較少，情緒也比較平靜，透過這種穩定中求進步的感覺，接觸一些新事物，更能輕鬆吸收新知，並培養出新興趣，讓生活增添趣味。

如果上個月遭遇的某些難題還沒全部解決，到了本月可能會無心處理它；雖然這些問題本身不嚴重，但拖久了也可能會有後患，建議還是儘早打起精神解決它，亦可試著尋求女性朋友的幫助，從旁督促你上緊發條認真面對，或者是跟她們討論該怎麼做，會讓問題圓滿解決，也能因此開啟新視野。

隨著心中的壓力減少，注意力變得比較集中，工作狀態因此好轉，不但能跟上進度，甚至有超前的機會，偶爾稍事休息，和茶水間裡的同事們聊聊天，交流工作及生活趣聞，職場生活會更有活力。

4月 APRIL	事業 ★★★ 財運 ★★★★★ 愛情 ★★★★ 功名 ★★★ 健康 ★★★ 鴻運日 **5、14、17**

金錢運勢吉利，賺錢機會大增，消費也在預算掌控內，讓經濟壓力大減，連帶讓事業、愛情上的壓力跟著減輕，不但情緒比較快活，也更敢於嘗試新事物。

本月財機比較鮮明，在賺錢以及財務規畫的學習上都有不錯的運氣。多參加投資、理財相關的說明會，可接觸不同類型的投資，從中找到更加適合自己的選項；如果難以抉擇，或是覺得還欠缺一點判斷的關鍵要素，可以向朋友們詢問意見，尤其是屬蛇或雞的朋友，關注的重點通常與你略有不同，可為你補充一些比較不會想到的細節，有助於更全面地判斷該不該投資。

和朋友們聚會、出遊的時候，加點小菜與大家共享，或是買些飲料一同暢飲，不但能促進歡樂氣氛，無形中也讓財水流動起來，還可能因此結識未來的事業合作夥伴。

5月	事業 ★★★
	財運 ★★
	愛情 ★★★
	功名 ★★★
	健康 ★★
MAY	鴻運日 8、20

本月的運勢大致平穩，貴人運也相當不錯，雖偶有些煩心事，但多半能在親朋好友的支援下迅速解決，唯獨財務問題較難解，需要花點時間處理。

貴人運暢旺，不但讓生活的助力變多，也是開拓交友圈的好機會，參加聚會活動時可打開心胸，與各種不同的人物交流，將認識到各形各色的朋友，建立新人脈。已有交往對象的牛朋友則要特別注意肢體距離，就算自己沒有「不良動機」，許多近距離的互動看在伴侶的眼中，仍是非常吃味的！比起事後解釋道歉，不如一開始就保持距離。

也因為社交活動多，花費當然也會比較多元，除了基本的食宿交通，可能還有準備禮物、捧場購物之類的需求，最好能夠預先留一筆錢來應付這些支出，讓財務管控更佳。

6月	事業 ★★
	財運 ★
	愛情 ★★
	功名 ★
	健康 ★
JUNE	鴻運日 26

不順心的事情較多，造成生活上出現許多挫折，除了盡量把目光聚焦在做好的事情、減少沮喪情緒以外，也要多注意健康狀況，避免「屋漏偏逢連夜雨」的情況發生。

近日如果有考試、考證照等安排，要更謹慎小心應對，如果應考當日缺少了工具，或者跑錯考場，就算來得及補救，也可能打亂原本平穩的心情，讓結果不如預期，所以一定要提前確認工具的狀態，並且準備好准考證等相關物件；此外，如果考場提供的器材有問題，一定要盡快反應，以免影響考情。

金錢運勢上也不太如意，進財不如預期，而且消費上也缺乏好運，可能因錯誤的理解而買下無法滿足需求的商品，成為不開心的購物體驗，若能多做功課，就可避免這類困擾。

7月	事業 ★★★★★
JULY	財運 ★★★★
	愛情 ★★★★
	功名 ★★★★★
	健康 ★★★★
	鴻運日 13、21、25

吉星高照帶來諸多好運，原本停滯的事情大都能重開機，往令人樂見的方向發展。同時也要妥善安排行程表，以防如火如荼展開的各項事務撞在一起。

渴望愛情的牛朋友，千萬不可錯過本月的好運，單身者不但桃花運高漲，魅力自然流露，也能得貴人牽線，認識好對象，所以一定要釋放出想談戀愛的訊息，別因害羞而讓好運溜走！渴望成立家庭的有伴者更要把握時機，安排一場別出心裁的求婚，讓守護多時的愛情開花結果；想要更有「勝算」的話，可以請教身旁已婚的朋友，他們的經驗將是最可靠的後盾。

種種事務終於上了軌道，順利的現況在無形中令精神更提振，坐辦公桌的牛朋友可不時起來走動一下、伸伸懶腰，也讓眼睛休息幾分鐘，才能維持好體力。

8月	事業 ★★★★
AUGUST	財運 ★★★★
	愛情 ★★★
	功名 ★★★
	健康 ★★
	鴻運日 3、15

事業發展是本月的重點，先前累積起來的成果，可能衍生出更多優秀的想法與好機會，若能善加利用，好好表現，這些豐碩的成績更是升遷的叩門磚。

除了爭取自己所擅長、有興趣的業務以外，也應著眼公司的弱處，看看有哪些事情歷經多年，仍無法完善處理。另外，最近的你或許會有些精闢見解，可協調眾人的意見，為公司注入更多活力，成為更容易發揮的職場。如果工作效率獲得提升，而且公司又能向上發展的話，自己也同樣獲益無窮。

積極拚事業的同時，也要留心健康，由於體力消耗較多，如果沒有保持足夠的睡眠與營養，身體很容易出狀況，尤其生活節奏一旦忙碌起來，許多初期的徵兆都很難被發現，而無法盡早就醫，因此一定要趕快面對跟處理。

9月	
SEPTEMBER	事業 ★★★★ 財運 ★★★ 愛情 ★★★ 功名 ★★★★ 健康 ★★★★ 鴻運日 10、14、26

整體運勢較前幾月稍弱一些，同時也面臨較多變動，諸如出差或搬家等改變，可能因此壓縮處理例行事務的時間，須打起精神來，才能完美應對這些挑戰。不喜歡變動感的牛朋友，更不要因為情緒受影響，讓事情變得拖延，及早做好應對，才是解決問題之道。

另外，因為本月比較忙碌，難免有些細節會被忽略，而在與人溝通時會有所誤解；遭遇到奇怪的質疑或衝突時，別急著生氣，先弄清楚來龍去脈，以免貽笑大方。

有機會可以讓自己放空一下，排除萬難請幾天假，安排個旅遊出去放放風，讓步調慢下來，享受美景及品嚐佳餚，不但能大大紓緩壓力，旅途中的種種遭遇，也是良好的刺激，可以透過各種形式引發靈感，進而衍生出優秀的創意點子。

10月	
OCTOBER	事業 ★★★ 財運 ★★ 愛情 ★★ 功名 ★★★ 健康 ★ 鴻運日 8

貴人運勢弱，資源與支援都不足，想要維持好表現的話，得再專心一點，不要一次將太多事情攬在身上，結果忽略需關注的細節。

事業受吉星眷顧，有許多發展機會，尤其對於從事業務工作、談生意等類型的牛朋友非常有利，但是整天在外面跑，和內勤同事的配合度不夠緊密，可能發生交接上的失誤，導致成果無法盡善盡美，最好要多次確認，預防錯誤。而從事行政、內勤工作的牛朋友，則面臨較多突發事件，如人手軋不過來等狀況，可跟主管反映，增派更多的人力幫助你，讓事情跟得上進度。

健康問題方面，本月遭逢凶星入宮，面臨血光之災的機會大增，生活上要多注意，尤其在拿刀叉等利器時，格外要小心。另外，交通往來上也要多加注意，以免遭受無妄意外。

11月 NOVEMBER

事業 ★★★★
財運 ★★★★
愛情 ★★★★
功名 ★★★
健康 ★★
鴻運日 3、11、23

12月 DECEMBER

事業 ★
財運 ★★
愛情 ★
功名 ★
健康 ★★
鴻運日 29

家運暢旺，處理家務上非常順利，家人之間的相處也相當和樂。有句話說「家和萬事興」，擁有一個能好好休息的避風港，就不怕外在的種種挑戰。

近期人緣運勢也相當暢旺，有伴者與另一半心意相通，一個眼神、一個笑靨就能夠馬上知道對方在想什麼，讓感情生活變得甜滋滋。至於有穩定交往對象的牛朋友，本月也有走入家庭的機會，多補充一點浪漫情境，可助求婚成功率大增，歡喜邁入人生下一階段。單身的牛朋友則有機會透過親友介紹，打開交友圈，結識更合適的對象，開啟新戀情。

健康運勢較弱，總是充滿疲倦感，這也容易拖累功名運勢，讓工作的狀況不如預期，操作器具也笨手笨腳；別氣餒，休息幾天，很快就會好轉。

精神狀態較差，注意力難以集中，思緒也不太連貫，規畫各種事務都不太順利。偶爾腦中會有靈光一閃的好點子，可惜來不及記下來，或是受限於種種資源的缺乏而無法實踐。

渙散的心思對事業與財務狀況影響頗大，容易誤解資訊，而做出錯誤的判斷，或者跟同事協調不佳，導致工作進度延遲甚至造成金錢損失。遇到任何事情都要謹慎小心，越有時效的事情越不要著急，仔細地執行它，才能避免令人捶胸頓足的失敗。

感情方面也缺乏好運，單身者大多無暇關注戀情，也不太會有心動的感覺，比起交友、聯誼，此時的牛朋友更想待在家裡休息；有伴者則因為心不在焉，常常「漏接」另一半說的話，引發對方的不滿，切莫意氣用事地起爭執，才能化解情感危機。

第 6 名

虎

人氣暢旺年

吉星｜陌越、紅鸞、天醫
凶星｜病符、寡宿、吞陷、天煞

相較於去年而言，今年的虎朋友有吉星相助，做事情更容易成功，只要懂得把握時運、順勢而為，必定能創造佳績。感情上也迎來好消息，虎朋友意氣風發的模樣，深受到心儀對象的青睞，桃花不請自來，能否把握住就要看你的表現了。不過，美中不足的是健康狀況較差，請先照顧好自己，才能無後顧之憂地追求理想。

事業好運指數 ★★★

今年在職場上有很多表現的機會，令虎朋友們摩拳擦掌，迫不及待要迎接挑戰，做出一番成績給大家看。想要獲得成功，擁有強烈的企圖心相當重要，而在處理業務的過程中，或許會遇到猝不及防的狀況，打斷原本的步調，要持續必勝的決心，千萬不要半途而廢，堅持下去才能有好成果。此外，工作之餘也要好好休息，以免操勞過度，沒有動力繼續打拚。

財運好運指數 ★★★

受到「陌越」吉星的影響，身邊有增加財富的機緣，只要不怕辛苦奔波，願意去稍遠一點的地方洽談生意，就能賺到更多財富。千萬別顧慮太多，或是想說以後再去嘗試，這樣很可能錯過當下開闢財源的時機。另外，在約會或聚餐方面的支出也略有增加，虎朋友為了博得親友或心上人的喜愛，總是不自覺就掏錢買單，累積下來也是一筆不小的開銷，要在理財上更加謹慎才行。

愛情好運指數 ★★★★★

紅鸞星的到來，讓虎朋友在愛情路上不孤單，單身者只要打開心胸、多認識新朋友，就有機會遇見心靈契合的伴侶，談一場美好的戀愛。有了另一半之後，喜怒哀樂都有人可以分享，生活變得更快樂，不僅臉上常常掛著笑容，個性也變得柔軟許多，不會讓人覺得很有距離感，連帶人緣也變得更佳。至於有結婚打算的虎朋友，也可開始規畫相關事宜，今年正是步上紅毯的好時機。

功名好運指數 ★★

虎朋友的身邊有很多學習資源，也不乏有厲害的前輩可以詢問，只是你必須要主動一點，才能獲得更豐富的資訊。除了兼顧好本業，也可利用下班後的時間去學習新技能，或是考取語言證照，對於日後轉換跑道或升遷皆有加分作用。此外，在學的青少年可能因為沉迷線上交友而無心念書，應分配好玩樂和讀書的時間，或是乾脆去無法上網的地方念書，避免分心。

健康好運指數 ★★

健康狀況要特別留意，雖然表面上可能看不出有大問題，但是不良的生活習慣就像一顆未爆彈，隨時有可能會爆發。像是久坐不動、吃飯不定時、天天喝手搖飲等傷身行為，建議趁早改善，否則會危害到身心健康。此外，今年因「病符」星擾亂，抵抗力變得比較差，出入人多的公共場所時請戴上口罩，並養成勤洗手的習慣，降低得感冒的風險。

化煞小提點

流年受到「病符」凶星的不利影響，健康狀況變得比較差，稍微不注意就可能引起感冒、過敏症狀，年紀稍長者也容易被慢性疾病纏上，必須要注重飲食和養生，並多做運動，才能維持健康。建議平時多用艾草皂清潔沐浴，獨特的香氣可安定心神，帶來積極正向的好運氣；也可以隨身佩戴念珠，護佑身心安康。

虎

農曆
流月運勢

1月 JANUARY	事業 ★★ 財運 ★★ 愛情 ★★ 功名 ★★ 健康 ★ 鴻運日 **19**

受到眾多凶星侵擾，生活恐面臨嚴峻的考驗，潛藏已久的問題也可能再次爆發。不過，可藉助月令生旺的力量，木木互助，削弱凶星煞氣，讓大事化小，小事化無。

在職場上可能常遇到一些不靠譜的合作夥伴，讓你氣到快抓狂，許多急件被他們擱置著，遲遲無法進行後續的處理，偏偏上司又頻繁追問進度，變成好像是你在拖延一樣，壓力油然而生。建議你可以和對方訂下明確的截止日期，再將進度排程一併寄給主管和相關人員，這樣不僅可提醒對方，也有明確的究責對象；若自己能處理的部分可以先進行，就不必擔心會開天窗。

雖然肩上的負擔很沉重，但有些事情擔心也沒有用，反而還造成反效果，

甚至危害到身心健康，倒不如放寬心，聽聽柔和的輕音樂，靜待一切好轉。

2月 FEBRUARY	事業 ★★★★ 財運 ★★★ 愛情 ★★ 功名 ★★★ 健康 ★★★★ 鴻運日 **4、16、26**

得吉星眷顧，運勢稍稍回升，正所謂皇天不負苦心人，在你的努力之下，狀況開始變好。雖然在社交方面還是有點卡關，不過只要稍微改變一下態度，會有意想不到的進展。

事業方面，從一開始只能靠自己到後來獲得前輩主動支援，甚至指派得力幫手協助處理，減輕你不少的負擔和壓力。另外，與人合作的過程中，如意見產生分歧，建議還是以資深前輩的想法為主，畢竟對方經驗比你豐富，對事情的分析也比較全面。

愛情運持續低迷，想從交友軟體上認識新朋友的人要當心，畢竟網路上的資訊都可以捏造，多觀察對方說話的內容、社交平台上的發文、上傳的照片，才能判斷資訊的真偽。即使對方條件很好，也可能早已有另一半，或只是想搞

曖昧，所以別太快投入感情，以免傻傻被騙。

事業★★
財運★★
愛情★★★
功名★★
健康★★
鴻運日 8

太多的生活瑣事打亂原本的生活步調，安排好的計畫也可能被迫取消，雖感到無奈卻又不能逃避，只能振作起來面對一切，才能安然度過危機。

為了處理這些事情，判斷力有點失準，只要用錢可以快速解決的事，你都會毫不猶豫的付錢，累積久了就變成很大的開銷，對家中經濟又增加負擔。因此請做好節流，捨棄不必要的開銷，把省下來的錢花在刀口上，才能改善金錢流失的情況。

在感情上，身旁的另一半很貼心，肯為你分憂解勞，即使對方在外工作也很辛苦，卻仍願意撥出時間協助打理家中大小事務，讓你可以稍微喘口氣，休息片刻；另外，心裡的苦也有對象可訴說，不必壓抑，宣洩出來會好受一些，還能從對方的鼓勵中獲得力量，繼續前進。

事業★★★
財運★★★
愛情★★
功名★★★
健康★★★
鴻運日 2、14

心力都放在工作上，較沒時間參加社交活動，連帶陪伴家人的時間也變少了，見了面也常說不到幾句話，只想著趕快休息；應想辦法調整好自己的狀態，才能兼顧工作及生活。

另外，在處理事情上有很多細節需要注意，不可太過衝動，應先把方向搞清楚，不要一頭熱地埋頭苦幹，這樣很可能做一做就卡住，必須再花時間來檢查、修改，反而耗費更多時間。如果花了很多時間，卻又看不見實質成果，就要主動向旁人求助，才能避免瞎忙的情況發生。

正準備考試的學子，學習的態度不夠積極，總是要念到有興趣的主題，才會靜下心來研究，沒興趣的就意興闌珊。看了不懂也不問，甚至念沒幾頁就去做別的事情，必須要正視這個問題，找方法來改善，才能提高成績。

5月 MAY
事業 ★★★★
財運 ★★★★
愛情 ★★★★
功名 ★★★★
健康 ★★★★
鴻運日 6、11、23

吉星照耀，努力終於迎來好運，相信有實力的虎朋友是不會被埋沒的，關鍵在於你是否準備好了，因為機會是不等人的。即使自己還有不足之處，也要勇敢嘗試，透過邊做邊學，必能獲得更多。

職場上有升遷的機運，當主管還在煩惱要派誰跟大廠商接洽時，就恰巧看見你對客戶展現出專業的一面，因此放心地把任務交派給你。趁機好好表現，將能提升自己的地位，讓別人都要佩服你三分。當然被人尊崇的感覺很好，但也不能因此而過度驕傲，才能獲得更多貴人的幫助，讓行事更順利。

有了實質的績效後，也要找個好時機向老闆提出加薪的請求，只要金額不是太誇張，他應該都會爽快地答應；切記待人要和善，才會有人幫你說好話，也會幫你介紹賺錢的生意。

6月 JUNE
事業 ★★★★
財運 ★★★
愛情 ★★★★
功名 ★★★★
健康 ★★★
鴻運日 15、17、29

運勢持續走高，只要足夠努力，夢想就能夠成真，事業和愛情皆豐收。尤其在感情方面，將迎來新的開始，勇敢地敞開心扉，才能遇見屬於你的幸福，享受愛情帶來的美好。

此外，財運方面要稍微留意，可能會因為心情太愉悅，花錢的態度也變得很隨性，常不自覺地過度消費，越買越多，收支有點失衡。雖說如此，人情往來上的費用可不能省，尤其當接受別人的幫助時，要懂得適時回饋，才會獲得更多助力，不管是工作上的建議或賺錢的信息，都是對自己很有利的。

愛情也迎來了好消息，或許你只是剛好為了幫朋友湊人數而參加聯誼，卻意外遇見價值觀一致的對象，彼此在小遊戲中一來一往間的互動擦出火花，自然而然發展成戀人關係。

7月 JULY	事業 ★★ 財運 ★ 愛情 ★★ 功名 ★★ 健康 ★★ 鴻運日 10

運勢起伏不定，想要有所作為，卻總是被各種限制綁住，無法施展開來，一直處於停滯不前的狀態。不過，也不必太沮喪，只要堅持做對的事情，必定能找到方式，成功突破瓶頸。

職場有新的轉變，光靠原有的專業知識仍嫌不足，逼迫虎朋友要開始學習新的技能，否則很難跟上大家的腳步，且會陷入被淘汰的危機；所幸都有學習管道可以運用，以彌補自身不足之處，除了上班時認真做筆記，也要多利用下班的時間精進自己，才能從容應對現在的工作。

本月地支相沖，除了要面對事業上的難題，也要注意人際關係的經營，像是說話時語氣如果太衝，容易讓人覺得不受尊重，自然就不想給予協助。其實只要願意改進過於直來直往的個性，就能增進人跟人之間的情誼，也會接收到更多幫助。

8月 AUGUST	事業 ★★★★★ 財運 ★★★★★ 愛情 ★★★★ 功名 ★★★★ 健康 ★★★★ 鴻運日 4、17、18

對於虎朋友來說，這個月是值得把握的衝刺期，不管從事什麼行業，都有出頭的機會，盡管放手去做吧！現在起你就是自己的主人，展現出企圖心，必定大有所獲。

主管也開始期待你的表現，被看重的感覺相當好，行事也更有信心和動力，只要把事情努力做好，將能在該領域裡發光發熱，賺到更多的金錢。打算經營副業的虎朋友，也能順利找到金主投資，讓你的心理負擔減輕不少，而且對方還有相關的背景可以傳授，更容易創業成功。

還在念書的虎朋友，考運相當不錯，有特別練習的題目都恰好在考卷裡出現，令你在應考時相當有信心，自然更能發揮，進而獲得高分。若能主動輔導功課較差的同學，不僅能結交到更多朋友，也能再一次加深學習印象。

9月	事業 ★★★
SEPTEMBER	財運 ★★★
	愛情 ★★★★
	功名 ★★★
	健康 ★★
	鴻運日 1、11、25

　　近期的重心擺在家庭上，不管工作是否忙碌，你都會抽出時間來陪陪家人，更會主動關心兒女在學校的表現，家人之間的關係更親近，氣氛也變得熱絡起來。

　　單身的虎朋友，會遇到對你很照顧的人，很多時候都是因為有對方在，你才能夠任性地做自己想做的事，否則早就吃盡苦頭，也因為有對方默默地在背後幫忙，一切才能夠這麼順利。假使對方是值得交往的人，就要好好把握，才不會錯過彼此。

　　其次，有關保險的支出要特別留意，如果看不懂保單，最好找時間和負責的業務員問清楚，不然保費很高，但給予的保障卻用不到，等於白花冤枉錢。平常出門開車的朋友，除了自己要小心駕駛外，該加保的車險也不能省，才能得到更充分的保障，開車更放心。

10月	事業 ★★★★
OCTOBER	財運 ★★★
	愛情 ★★★★
	功名 ★★★★
	健康 ★★★★
	鴻運日 5、14、17

　　貴人的助力將帶領你繼續往前走，直到取得更大的成就，所以請好好把握，別枉費他人的一片苦心。除此之外，在工作上不能只挑好話聽，也要虛心接受他人的批評指教，不斷修正自己，結果才會更盡善盡美。

　　愛情運勢旺，不管在哪個場合，你都能成為人群中的焦點，在別人的眼裡，虎朋友不僅充滿魅力，又很有自己獨特的想法，總是自信地散發出獨有的魅力，成為人群焦點。把握好桃花盛開的時刻，盡情地展現自我，將能吸引優質對象靠近，享受愛情帶來的美好。

　　此外，虎朋友近期會在意起外界對你的評價，如果能以正向的思考面對批評，會讓自己更進步，畢竟有些盲點自己看不見，必須依靠別人的幫忙，才會知道問題出在哪兒並進一步檢討，徹底解決問題。

11月

NOVEMBER

事業 ★★
財運 ★★
愛情 ★★
功名 ★★
健康 ★
鴻運日 **13**

　　少了吉星相助，事情進行得不太順利，若是堅持硬碰硬，遇到的阻礙反而會更多，必須把身段放低，以退為進，才能讓事情有圓滿的結果。另外，這段時間也要多保重身體，不要忙到忘記休息，以免精神恍惚，很容易發生意外。

　　除了要避免過勞的情況外，也要注意人身安全的問題，不要為了趕時間而闖紅綠燈，或是邊走路邊滑手機，讓自己暴露在危險之中，後果將不堪設想。原本就有慢性病的虎朋友，千萬別一忙起來就忘了服藥，設個小鬧鐘提醒自己按時吃藥，才能穩住病情，避免惡化。

　　財運方面不太樂觀，恐有意外事件導致破財，尤其是開車通勤的族群，不要為了圖方便而把車跟其他車停得太近，除了會造成別人的困擾外，萬一不小心撞傷他車，還可能要賠償對方高額的修車費用。

12月

DECEMBER

事業 ★★★★
財運 ★★★★
愛情 ★★★★★
功名 ★★★★
健康 ★★★
鴻運日 **15、20、27**

　　好運日漸高漲，讓虎朋友對生活充滿了希望，很多事務都願意去嘗試，而且任務越艱難，越能激發你的鬥志，勇敢地去突破不可能，擁有這樣的企圖心，自然更容易成功。

　　在感情方面有機會遇到心儀的對象，虎朋友可以主動展開追求，或是不吝展現出好感，大方的態度會讓對方更欣賞，也深深被你的霸氣吸引，感情自然可開花結果。有伴者也開始規畫未來，經常跟另一半討論置產、生小孩等議題，關係相當穩固。

　　另外，此時的虎朋友想要出國留學或打工度假的念頭也日漸強烈，不僅會主動報名相關的說明會，也想提升自己的外語能力，如家中經濟狀況允許，走出去看看外面的世界對你有益，可豐富自己的人生閱歷，並從中獲得成長。

第 9 名

兔

化解難關年

吉星｜天解、八座
凶星｜披頭、天狗、弔客、月殺、寡宿、飛刃

去年擁有極佳人緣運的兔朋友，今年相較之下少了點助力，且身邊還容易出現一些莫名的流言攻擊，讓在意他人看法的兔朋友內心很受傷。不過，同時間，兔朋友還是具有一些逢凶化吉的好運，「天解」星的入駐可以化解一些是非爭端，許多起初看起來不太順利的過程，到後來都能逆轉勝，因此建議兔朋友別太鑽牛角尖，放輕鬆面對，事情反而會更平順。

事業好運指數 ★★★

不喜歡與人起衝突的兔朋友，在強勢又好鬥的同事面前可能會選擇退讓，吃了不少悶虧。所幸你有不錯的長官緣，非但沒因為別人的流言蜚語而誤會你，反而願意傾聽你的委屈，願意站在你這一邊。而在跟客戶洽談業務的部分，兔朋友也會出現這種轉危為安的狀況，原本看似談不成的案子，突然峰迴路轉又重獲生機，只要你沉穩面對，自然會遇上好的轉機。

財運好運指數 ★★

財務上要留意因為一時粗心大意而導致破財的狀況，小則發生鈔票沒放好，從皮包掉出來的迷糊事件；大則在投資上因誤判情勢而導致虧損，一定要經常提醒自己謹慎理財，尤其不宜一時衝動就加碼投資，多請教幾位專家做好規畫，再投注資金下去。另外，今年也不宜借錢給他人，極有可能有去無回，若有親友想找你合資做生意，也同樣以保守為上，不宜貿然行事。

愛情好運指數 ★★

由於生活上諸多波折，讓本來就對愛情被動的兔朋友更加消極，單身者除了工作之外，很可能就是窩在家中，鮮少出門認識新朋友，自然桃花運也跟著減弱。擁有固定男女朋友的兔朋友，則要多注意另一半的心情起伏，不要只顧著照顧自己的情緒，而忽略了對方的存在。已婚者最近的婚姻狀態有點低潮，不是跟另一半聚少離多，就是缺乏溝通，應多花點心思經營彼此的關係。

功名好運指數 ★★★

仍是學子的兔朋友，在學習時可能會遇到卡關的狀態，某些科目一直抓不到要領，讓你欠缺信心。建議你不要太沮喪，有望獲得學長姐的指點，在短時間內開竅，並獲得佳績。另外，已是社會人士的兔朋友，若想獲得升遷的機會，可能會遇到一波三折的狀況，但也無須因此沮喪，只要你專注於工作，就會獲得良好表現，最後終會得到提拔，順利晉升更高階的職位。

健康好運指數 ★★

今年兔朋友的健康運偏弱，太在意別人的觀感，容易造成內心患得患失，甚至自我否定，情緒上的起伏也影響到身體健康，因疏忽而得到小感冒，或者忙到忘記正常進餐，造成腸胃不適。此外，出門在外也要留心意外災害，從事登山、健行等戶外活動時，一定要做好完全準備，且不要過度逞強，疲累就要休息。平常在市區也要留心交通安全，開車時要提防跟他車擦撞。

化煞小提點

「天狗」星是一顆血光星，容易犯小人，引發口舌爭論，帶來誤會與糾紛，導致肢體衝突，使身心與財物都受到耗損。所以今年在溝通時，要更加謹言慎行，切記忍一時海闊天空；建議隨身佩戴平安符或福袋，化解凶星煞氣。在家中或辦公桌放五帝錢也有助遏阻小人違緣，同時轉化氣場，改善人際關係，化解災厄。

兔 農曆 流月運勢

1月 JANUARY	事業 ★★★ 財運 ★★★ 愛情 ★★★ 功名 ★★ 健康 ★★ 鴻運日 9、29

忙碌又頻頻變卦的生活，讓許多事情都變得很難控制，健康狀況也問題多多；在昏昏沉沉的狀態下，雖然能憑著努力而有所表現，細節上還是無法十全十美。

事業方面考驗著自我的能力，如果有流暢的工作習慣、與客戶間的信賴關係深刻，那麼儘管思緒有點混亂，仍能順利將事情完成並過關；如果不巧剛剛轉換跑道，累積的實力不足，就要更加打起精神，以免事情延宕。若想進修或是爭取晉升機會的兔朋友，近期不太如意，除了缺乏貴人提攜外，自己也欠缺清晰的事業方向。

健康運勢弱，本月可能比自己想像的更容易生病，盡量不要逞強熬夜趕工，且在求診上也缺乏好運，除了跟醫生溝通不良外，還很容易忘記回診，讓病況一拖再拖。

2月 FEBRUARY	事業 ★★ 財運 ★★★ 愛情 ★★ 功名 ★★ 健康 ★ 鴻運日 15、24

人緣運偏弱的本月，明明沒做錯什麼事，但周遭的氣氛卻變得冷漠，大家各忙各的，缺乏互動，讓重視氣氛的兔朋友感到很挫敗，忍不住把各種錯誤歸咎到自己身上。

這種無來由的人際壓力，使兔朋友容易想東想西導致工作進度不如預期，且容易遺漏重要細節。如果自己無法調適，不妨主動出擊，與同事們談談心，或是準備些小點心與大家分享，為職場注入熱情親切的氣息。雖然職場人際關係有待改善，但對你的收入影響並不大，不致讓這波低氣壓影響到經濟層面。

因為事業處在低點而影響心情，這陣子你對健康的照護也較弱，可能放任自己沉迷追劇、抓寶，而把三餐拋在腦後，或者以暴飲暴食發洩壓力，給身體

帶來額外的負擔，既傷胃也容易讓身材走樣。

3月
MARCH

事業 ★★★★
財運 ★★★
愛情 ★★★
功名 ★★★★
健康 ★★★
鴻運日 6、18

人緣運勢回溫，身邊氣氛恢復原本和樂的模樣，令兔朋友安心許多，也比較有幹勁面對挑戰，樂於處理不熟悉的事務，各方面的成果都會很不錯。其中改善最顯著的是進修及事業方面的運勢，情緒安定下來，就能更提升專注力，能夠好好聽講及實作，課業上的表現自然有所提升。

在事業上，這陣子兔朋友也有較充足的拚勁，能神采奕奕地投入工作，積極的態度吸引貴人賞識，給予提拔或指導；另外，建議你可視能力爭取難度較高的任務，獲得較多表現機會，並藉此磨練能力、累積更豐富的經驗。

本月也面臨較多變化，如職務、派駐地點的調整，也可能被外派為分部主管，儘管會有些不習慣或不方便，若能正面看待，對各方面都有加分效果，也

能更快適應新環境。

4月
APRIL

事業 ★★
財運 ★
愛情 ★
功名 ★★
健康 ★★
鴻運日 27

本月在生活、工作等方面都面臨許多變動，但是習慣的養成並非一蹴可幾，需要一些時間重新適應，在養成新習慣之前，卻做了一大半才發現錯誤或缺漏，因而拖慢進度、打擊信心。

因為這些變化，這陣子有較多加班、出差的機會，除了讓時間變得破碎而不好安排外，也容易過度亢奮，明明累得不得了，卻無法好好睡一覺，成為惡性循環，拖垮工作表現及健康狀況。睡前以精油按摩腳底的湧泉穴，可幫助入眠，減少壓力和疲勞的累積。

忙碌的生活最容易忽略的還有愛情與家庭，切記再忙再累也要留點時間陪陪家人，以免不知道另一半心裡想什麼，或忽略孩子的教養問題。聚少離多也是戀愛殺手，若只靠對方來維持，很快就會將感情消磨殆盡。

5月	事業 ★★★★
MAY	財運 ★★★
	愛情 ★★★★★
	功名 ★★★
	健康 ★★★★
	鴻運日 7、10、22

廣受吉星護佑，事事都能順利達成，各方面都拿出很不錯的成果，尤其在工作上，更能滿足客戶、合作廠商之間的需求，促使各方合作起來皆大歡喜、圓滿成功。

這樣如有神助的狀態，讓你除了備受肯定外，可能還得接受同事、朋友五花八門的求助，雜事反而變多了，讓你有點難以負荷。不過，喜歡幫助別人正是兔朋友難能可貴的優點，要你拒絕反而不自在，不如衡量清楚，在能力範圍內全心地把承諾的事情做得圓滿。

人際上的活絡互動，同時也帶動了愛情運勢，單身者有較多機會與人深入認識，心動的機會也增加，有望碰到理想伴侶。有伴者則漸漸有了跟對方邁向人生下一個階段的想法，可把握本月的甜蜜氛圍求婚。

6月	事業 ★★★★
JUNE	財運 ★★★
	愛情 ★★★★
	功名 ★★★★★
	健康 ★★★
	鴻運日 1、16、17

本月擁有通暢的貴人運，無論是事業還是愛情皆能獲得助力，也是較容易發揮才華的一個月，能從不同的觀點思考，跳脫原本的框架，找到更好的方案。

靈活的思路除了助事業運大開外，其實也很適合用來解決愛情難題。找到問題的癥結點只是第一步，該如何解決才是真正困難之處；想要拉近雙方關係、讓彼此相處更和諧，就必須放下自我，多傾聽對方的想法，並一塊參與一些社團或課程，擁有更多的共通話題。

另外，要注意的是可能會發生血光之災，尤其操作有利刃或是高溫高熱的用具時，應小心謹慎、配備完整防護，並且留心身邊，若有人經過、逗留，最好暫緩一下，避免無心的碰撞、推擠造成傷害。出門在外時，更要留心四周狀況。

7月	事業 ★★ 財運 ★★ 愛情 ★★★ 功名 ★★★ 健康 ★★
JULY	鴻運日 11、20

精神與健康狀況比較弱，經常呈現病懨懨的狀態，對很多事情提不起勁，也很容易感冒生病，工作上的進度也受到影響，幸好在貴人的幫助下，仍能拿出一定的成果，不至於發生重大失誤。

處於低落情緒的你，這陣子可能會有種很想發洩購物慾的念頭，很多時候看上眼就想刷卡，沒有衡量自己的荷包狀況，要小心別花費過了頭。如果一定要花錢，也要把錢花在有意義的地方，例如汰換家具、購買保健食品或者為自己多買一張保單，將金錢投資在自己的生活與健康上。

這段時間裡，家人、朋友、同事的關懷，會成為重要的心靈養分，讓你倍感溫暖。另外，此時也是愛情萌芽的佳機，跟心儀對象相處的時間大增，有機會發展成新戀情。

8月	事業 ★ 財運 ★ 愛情 ★ 功名 ★★ 健康 ★★
AUGUST	鴻運日 5

受凶星壓制，容易被各種負面事件影響，因為一點失誤就開始鑽牛角尖，進而失去信心，也不敢再邁步向前，導致各方面都停滯不前。

眼前的低潮對事業衝擊最大，無法戮力迎接挑戰，而把機會拱手讓人。與其老是自我苛責，懷疑自己能力不夠好、經驗不足，還不如跳脫當前的瓶頸，先放鬆一下，給自己放個假。如果真的忙碌到沒有休假的機會，可以每天給自己一些時間靜坐獨處，沉澱心情，這樣再面對工作時，也許會有不同的靈感與啟發。

財務上同樣缺乏好運，除了比較容易亂花錢，也可能遇到不快樂的消費經驗，如遇上太過黏人的推銷員，或是網購了卻遲遲等不到賣家出貨；建議在購物前宜先評估是否急需這項商品，三思後再進行採買的動作。

<table>
<tr><td rowspan="2">9_月
SEPTEMBER</td><td>事業 ★★★★★</td></tr>
</table>

9月 SEPTEMBER

事業 ★★★★★
財運 ★★★★
愛情 ★★★★★
功名 ★★★★
健康 ★★★★
鴻運日 1、24、25

　　認真想要解決問題的決心，啟動了吸引力法則，不但獲得充足助力，先前所遭遇的挫折也漸漸理出頭緒，形成新的想法，可望從不同的角度切入問題，找到更好的解決方案。

　　在長輩、朋友的提點下，有伴者將更了解自己與另一半的差異，重新學習包容與體諒，不再糾結於每件大小事上爭輸贏，一定要證明是誰對誰錯，轉而欣賞對方跟自己的不同，重新思考兩人的相處模式，減少相處上的磨擦。至於單身的兔朋友則有機會遇到熱情的長輩想幫你牽紅線，可望結識條件不錯的對象，發展出新戀情。

　　容易感到疲憊的身體狀況，也將因為長輩的幫助而有所改善；對方除了殷切地叮囑飲食要清淡外，也為你推薦值得信賴的醫師，經過一番調養後，健康狀況也逐漸轉佳。

10月 OCTOBER

事業 ★★★★
財運 ★★★
愛情 ★★★★
功名 ★★★
健康 ★★
鴻運日 6、18、27

　　受惠於三合運勢，承蒙貴人幫助的這個月，整體運勢大都不錯，儘管有些突發狀況造成阻礙，都能快速排除，甚至注意到更多小瑕疵並盡快改善，讓事情進度更加圓滿。

　　事業方面的運勢最佳，且帶來一連串好的反應；優秀、貼心的服務贏得了客戶的信任，不但讓對方成了回頭客，且介紹其他親友指定你來為他們服務，促成更多生意成交的機會。如果有客戶批評你販售的商品，也不用太介意，俗話說「嫌貨才是買貨人」，根據這些評論來調整服務與商品，將能提升更好的競爭力。

　　至於健康運勢方面，雖然元氣已漸漸轉好，但要小心遭逢意外的血光之災，日常生活需以更謹慎的態度來檢視可能發生的危險，可透過捐血來積福化煞，或者多做煙供來積累功德福報，祈求化解災厄。

11月	事業 ★★★
NOVEMBER	財運 ★★★
	愛情 ★★★★
	功名 ★★★
	健康 ★★★★
	鴻運日 13、25

人際方面的往來相當活絡，這對喜歡與人互動的兔朋友來說，是很不錯的狀態，生活中的樂趣變多，對你而言也是很好的刺激，讓思路更靈活。

正在追愛的單身者一定要把握好運，多多參與社交活動，不論是認識新朋友，或是和老同學、老同事多交流，都有機會在過程中萌發愛苗，進而譜出一段美妙的戀曲。有伴者在社交活動熱絡的本月，則要注意別冷落了另一半，如果對方的個性比較敏感、多慮，就很容易引發誤會；相反的，常帶著另一半一起參加各種活動，不但能減少對方的疑慮，更能為戀情加溫。

最近有機會在各類場合中跟旁人談到理財話題，大家的看法不一，是好是壞沒有定論，多花點精神消化一下各方見解，整理出真正有幫助的資訊，才能為財運注入新的動力。

12月	事業 ★★★★
DECEMBER	財運 ★★
	愛情 ★★★
	功名 ★★★
	健康 ★★★
	鴻運日 19、20

家中狀況較多，可能會面對家庭成員生病需要照顧的狀況，會花較多精力陪伴對方，讓自己常往外跑、四處交友應酬的狀況不得不改變，社交活動暫時少了許多。

雖要面對家人生病的壓力，但盡責的兔朋友在上班時間內能夠徹底轉換情緒，專心於工作，在事務的安排分配上更有效率，節省時間且避免加班，把多餘的時間留下來陪伴家人。另外，兔朋友也可以嘗試在家遠端工作，兼顧家人與事業，時間也更彈性。

在財務上，會面臨一些計畫外的支出，就算理財計畫有些混亂，但帳單繳款可不能遺漏，算清楚需預留多少金額來繳納帳單，以免破壞信用額度。另外，也要注意調適壓力，畢竟錢可以再賺，身心健康卻不能等待，要適時地紓壓，上健身房運動或者做瑜伽，都是不錯的選擇。

第 5 名

龍

福氣好運年

吉星｜福星、天德、福德
凶星｜的殺、卷舌、陰殺、寡宿（偏沖）

延續近兩年的好運，龍朋友今年運勢依然不錯，受「天德」、「福德」兩大吉星護佑，有著極佳的貴人運，總是受長輩關照，減少了許多找不到頭緒、原地打轉的消耗，能集中精力在想做的事情上，創造出非常出色的成果，想要進修者也能深入學習，獲得佳績。不過，要留意卓越表現容易招人眼紅，經營好人際關係，會讓事情進展更順遂。

事業好運指數 ★★★★

龍朋友的事業心非常強，不怕承擔責任，願意付出努力與心血，挑起大樑帶領團隊。本來就很受老闆器重的你，今年加上吉星的助力，擁有充足的資源，同時掌握天時地利人和，表現出色，常能順利創下好業績。此外，龍朋友今年與老闆的互動也非常良好，讓對方對你的好感度快速累積，有升遷機會時，第一個想到的人才往往就是你喔！

財運好運指數 ★★★★

財務方面受到職場前輩或家族長輩的鼓勵，興起研究投資理財的念頭，不論過去是否有金融操作的實戰經驗，今年的你都樂於挑戰新觀念，以新的作法來選擇投資標的及經營財富。另外，也有機會認識專業的理財專家，能務實地討論自己的需求與規畫，並投入適當的資金且獲利豐富。

愛情好運指數 ★★

愛情運是今年較弱的一環，身邊有較多的閒言閒語，讓有伴者與另一半經常發生猜疑與爭吵，兩人的相處問題也浮上檯面。受「寡宿」星影響，個性自主獨立的女性龍朋友尤其容易因跟對方的金錢觀不合，或想追求獨立自主的人生，而起了分手的念頭。單身者則缺乏追愛的好運，錯過與心儀對象交往的機會，讓感情無疾而終。

功名好運指數 ★★★★

喜歡接觸新知的龍朋友，今年在進修、求學方面都有很好的表現，認真的態度獲得老師的肯定，各方面的學習非常深入，因此獲得更多的技能，對未來事業大有幫助。而必須考公職或準備升遷考試的龍朋友也有很好的機緣，不但能找到適合自己的讀書方式，增進學習效率，在考場上更拿出好表現，將實力完整展現，少有臨陣失常的問題。

健康好運指數 ★★★

屬龍的朋友今年受偏沖影響，可能會遭逢計畫被打亂之類的挫折，而認真的龍朋友在沒收拾好殘局之前，通常會盡忠職守，不會隨便離開崗位，結果卻影響健康，造成腸胃不適或尿道發炎等疾病。不過，你在就醫上的運氣頗佳，能找到互動良好的醫師，只要好好配合醫師的指導，疾病很快就能根除，身體狀況能順利好轉。

化煞小提點

「卷舌」星常會帶來口舌是非，除了被他人的言語冒犯以外，律己甚嚴的龍朋友也容易忘記每個人的能力與所長各有不同，口出太過嚴厲的批評導致打壞彼此交情。建議經常佩戴粉晶類的飾品，增長桃花人緣、調和人際關係，能以粉晶的火行能量生旺自己，減少口舌帶來的傷害。

龍

1月 JANUARY	事業 ★★★ 財運 ★★★ 愛情 ★★ 功名 ★★★ 健康 ★★★ 鴻運日 7、9、21

這個月職場上的狀況不斷，所幸在處理業務的時候，有機會與舊同事、老長官聯繫，發現對方還是頗念舊情，甚至協助你去拓展事業，有機會開創另一番天地，或者很肯定你的工作能力，有意挖角你去新東家，讓你很心動，也心生想轉換跑道的念頭。

不過，在還沒有跳槽之前，得小心舊同事的中傷，加上龍朋友一身傲氣，常懶得去針對流言蜚語多做解釋，因此常讓自己身陷不公平的評價中。建議要適時地為自己澄清辯駁，就算離開原職場，也不要惹得麻煩上身，仍要自我保護。

感情上因為生活太過繁忙，鮮少陪伴對方，讓另一半怨聲不斷，偶爾還會意見不合而起口角，需冷靜下來好好溝通，才不致讓彼此關係越來越遠。

2月 FEBRUARY	事業 ★★ 財運 ★★★ 愛情 ★★★ 功名 ★★ 健康 ★ 鴻運日 13、26

渴望突破現狀的龍朋友，此時卻有種施展不開來的感覺，明明覺得自己擁有好點子，卻苦無機會實現，在職場上苦尋不著成就感，也跟同事關係疏遠。原本擁有的好機會，卻突然間沒有下文，必須等待下一個轉變的時機。

心頭的鬱悶反映在臉色上，經常表情凝重的龍朋友，讓想關心你的同事也不敢太靠近，以免掃到颱風尾，主管也覺得你跟團隊互動欠佳，希望你跟同事保有良好關係。建議你別老是愁眉不展，這樣只會讓人緣越來越差，要面帶笑容才能召喚好運。

健康狀態也因自己的情緒低落受到影響，這陣子要多注意氣候變化，寧願穿多一點也不要讓自己著涼，更要小心抵抗力下降導致重覆感冒，晚上更切記不要熬夜，顧好身體才有本錢打拚。

3月 MARCH	事業 ★★ 財運 ★ 愛情 ★★ 功名 ★★ 健康 ★★ 鴻運日 8

龍朋友近期處於諸事不順的狀態，在職場上更是狀況頻頻，原本談定的企畫案又橫生枝節，得重新規畫。從事業務工作者，業績不如預期，主管希望你趕緊創下好成果，讓你的情緒更加緊繃，渴望能在短時間衝高業績，以免成為公司的關注對象。

偏財運不佳，但再心急也別試圖靠投機來累積財富，一旦失利，這陣子可就得更努力節流，以免入不敷出。所謂「屋漏偏逢連夜雨」，緊接著又冒出不得不支出的開銷如修繕、家人的醫藥費等，只得更緊縮生活預算。

人際關係欠佳，同事跟你針鋒相對，主管也不幫忙協調，讓你更加心灰意冷。雖然有諸多起伏，但藉由宗教信仰，可以撫平心中的怨懟，讓自己恢復平和的心。建議可多參加宗教團體的活動，感受正能量。

4月 APRIL	事業 ★★★★★ 財運 ★★★★ 愛情 ★★★★ 功名 ★★★★ 健康 ★★★ 鴻運日 2、14、26

連續悶了三個月的龍朋友，到了這個月會有一吐鬱氣的感覺，在職場上出現貴人相助，幫助你解決積累多時的問題，讓你跟同事更添默契，工作過程也變得更流暢。

好人緣也反映在業績表現上，遲遲未定的大案子，此時終於讓客戶點頭交給你負責，使命必達的龍朋友肯定會掌握機會努力求表現，積極的態度備受主管肯定，也願意替你升官加薪，有機會成為部門主管，帶領團隊繼續創佳績。

雖然事業、財運都有好的進展，唯獨健康是需擔憂的事情；這個月為工作忙得團團轉，有時候疲倦到閃神，不小心就會跌倒或是撞到桌角，需要多注意交通安全。所有的問題都來自於沒有徹底放鬆休息，建議晚上入睡前可以使用薰香或是點精油燈，讓身心獲得舒緩。

<table>
<tr><td>5 _月
MAY</td><td>事業 ★★★★
財運 ★★★
愛情 ★★★
功名 ★★★★
健康 ★★★
鴻運日 11、23</td></tr>
</table>

5月 MAY	
事業	★★★★
財運	★★★
愛情	★★★
功名	★★★★
健康	★★★
鴻運日	11、23

近期的龍朋友擁有逢凶化吉的好運，職場上的提案有些小差錯，幸好能得到客戶的諒解，允許你回頭修改再交付對方討論研究。擔任銷售人員的龍朋友，可能會遇到客人抱怨購買的商品有瑕疵等狀況，但經由你以誠懇的態度處理並迅速安排退換貨，就能讓客人平復怒氣並願意繼續消費。

原本對你有誤會的同事，也終於轉變態度，願意以良性的溝通來面對問題，齊心協力共同解決工作上的關卡。

雖然自己的運氣平穩，各方面都堪稱順遂，但可能有親人的身體狀況轉差，讓你得忙於尋覓好醫師，希望助其遠離病痛。另外，也要提防意外的發生，家中若有小孩子的爸媽，得格外留意小朋友的安全，要將剪刀之類的尖銳物妥善收好，以避免孩子不小心接觸而受傷。

6月 JUNE	
事業	★★★
財運	★★★★
愛情	★★
功名	★★★
健康	★★
鴻運日	3、15、17

此時會得女性貴人的照料，在財務管理上指引方向，建議可買房地產及適合長期投資的股票，讓投資獲利。而在事業上，從事美妝產業的龍朋友更是有望大發利市，推出的新產品獲得肯定，業績蒸蒸日上，獎金自然也相當豐厚。

雖然財運頗旺，卻要小心情感糾紛，跟交往對象最好各自財務獨立，避免合資或合股，以免意見不合，為錢起爭執，尤其龍朋友個性自我，很難向對方低聲下氣，可能因此產生感情裂縫。

健康運偏弱，要注意腸胃的保養，不要暴飲暴食，更不要飲酒過度。這陣子氣候較熱，在外奔波的業務朋友要小心中暑，一定要補充水分，且不可以牛飲。保養好身體才有精氣神繼續打拚，若為了賺錢操勞而忽略健康，積勞成疾，可就得不償失了。

7月

JULY

事業 ★★★
財運 ★★★
愛情 ★★
功名 ★★★
健康 ★★★★
鴻運日 1、10、22

凡事宜低調為佳，如果過於鋒芒畢露可能會遭同儕嫉妒，在背後說小話就算了，還有可能將出錯的案子丟給你扛，讓龍朋友覺得很不公平，亟欲向主管申訴，希望能獲得合理的回應。

幸好，這個月有三合助運，能化解掉原本的災禍。只要沉得住氣，眼前的難關將可迎刃而解，避免糾紛，也不會喪失主管對你的信任。

感情生活同樣不太平靜，另一半聽信朋友的意見，對你產生誤解，以為你跟在應酬飯局中認識的朋友搞曖昧，偏偏龍朋友沒什麼耐心為自己辯解，以至於另一半的誤會越來越深，甚至一度吵到要分手。如果想要維繫這段感情，建議要轉換心態，傾聽對方的想法，並訴說自己的心意，讓對方擁有更多的安全感。只要彼此間的信賴度夠，就能攜手走下去。

8月

AUGUST

事業 ★★★
財運 ★★
愛情 ★★★★
功名 ★★★
健康 ★★★
鴻運日 4、18

本月桃花運旺，對單身的龍朋友來說，絕對是一個要好好把握的月分，可以透過朋友的介紹，認識非常速配的對象，兩人不管在興趣、職業、家庭背景上都很有共通點，頓時有種獲得真愛的感動，迅速燃起愛火，享受甜蜜的戀情。

有伴者跟另一半的誤會冰釋，兩人願意經營共同的嗜好，參加同一個社團，讓彼此擁有更多的話題分享，生活也變得更多采多姿，甜蜜不斷線。

財運偏弱，家中的修繕費大增，另外還有一些必要的生活開銷，呈現一種財進財出的狀況，令龍朋友感到相當苦惱。建議在花錢時要量入為出，假使有不得不的必要消費，選購的商品要以實用性為優先考量，以免選到外型好看但性能不好的產品，精打細算會讓你更守得住錢財。

9月	事業 ★★★
	財運 ★★
	愛情 ★★
	功名 ★
SEPTEMBER	健康 ★★
	鴻運日 **11**

最近可說是處於一種勞心勞力的狀態，工作上狀況連連，需耐心謹慎應對才能順利過關。這陣子應酬飯局也比較多，賺來的錢很快又請客花掉，加上購買新行頭、新手機等，雖然業績獎金有不錯的數字，但錢財卻如同是過路客，轉眼又花費掉。

生活忙碌不已，常讓自己沒有耐心，不耐煩的情緒也讓周遭親友對你敬而遠之。職場上的人際關係也陷入低潮，有些同事不喜歡你過於求表現，而刻意跟你保持距離。

情緒化也造成身心負擔，這陣子容易反覆感冒，才覺得身體似乎舒坦一些，接著卻又開始咳嗽、流鼻水，建議可以嘗試吃中藥調養身體，該休息的時候一定要好好休息，作息必須正常，再怎麼忙碌都要按時進餐，才能遠離病痛。

10月	事業 ★★★★★
	財運 ★★★★★
	愛情 ★★★★★
	功名 ★★★★
OCTOBER	健康 ★★★★
	鴻運日 **5、17、20**

本月會有種諸事順遂的感覺，雖然事務繁忙，卻忙得開心、忙得十分值得。工作表現出色，讓你的業績再創高峰，還獲得額外的獎金肯定，原本卡關的一些案子，也順利找到解套方式，透過跟其他品牌的異業合作，讓自己的企畫創意更加亮眼，深受客戶及主管的肯定。

好運也反映在人際關係上，在資深的前輩相助下，跟同事相處變得自在愉快，團隊的氣氛越來越融洽。與過去曾有過節的朋友盡釋前嫌，重拾友誼，化解了昔日恩怨，讓你的心情也變得更加輕鬆愉快，笑容常在。

正能量也帶來好桃花，單身者近期有機會一見鍾情，尋覓到期待已久的理想對象；已婚者跟另一半的關係變得更緊密，透過假日出遊及聚餐的家庭活動，讓彼此的感情更加深厚。

11月 NOVEMBER	事業 ★★★★ 財運 ★★★★ 愛情 ★★★ 功名 ★★★★ 健康 ★★ 鴻運日 **14、23、26**

　　雖然財運亮眼，業績獎金再創新高，但職場上卻是小麻煩不斷，讓你疲於奔波處理，而且很多都是得幫人收拾爛攤子，比方說同事算錯帳目，讓身為主管的你得重新檢視；或是得罪了客戶，身為專案負責人的你得出面道歉。

　　種種的壓力讓你喘不過氣，不禁開口求助，還好這陣子貴人運不錯，在旁人的相助下，關關難過關關過，所有的突發狀況最終都能順利化解。

　　感情上因疏忽對方的感受，而引發一些小彆扭，自尊心強的龍朋友受不了被另一半否定，注意別因此口出惡言，傷害彼此感情。若能冷靜下來，以理性的態度跟對方好好對話，可以找到轉變關係的契機，千萬不要衝動行事，並注意因為情緒控管不佳而失神發生意外，心平氣和才能讓事情變得更好。

12月 DECEMBER	事業 ★★★★ 財運 ★★★ 愛情 ★★★★ 功名 ★★★ 健康 ★★★★ 鴻運日 **5、17、20**

　　雖然財運表現不如預期，投資也受阻，但並未因此受到打擊，能以保守的態度處理資產，知足地滿於現狀，不汲汲營營地求財，改以雲淡風輕的姿態享受人生；假日時到郊外走走，享受芬多精，讓心情更加舒坦，煩憂都擺到一邊去。

　　工作上也漸漸能調整心態，不再那麼介意同儕的評價，平易近人的態度讓你更受歡迎，同事間相處起來也更開懷，下班後還會相約聚餐，成為可以分享生活的好友。

　　在情感關係上，辛苦大半年的你收回工作狂模式，願意多留點時間陪伴家人，跟另一半的感情自然也更融洽，親子關係也變得更好，享受愉悅家庭時光的同時，健康狀況也轉好，一些如眩暈、容易疲倦等小毛病也跟著改善，若再加上運動健身，會讓你擁有更佳的身體狀態。

第8名

蛇

揮灑才華年

吉星｜三合、華蓋

凶星｜飛廉、黃旛、大殺、白虎、羊刃

蛇朋友今年雖然有「三合」貴人的助力，能夠處處逢源，不過蛇朋友不習慣仰賴別人幫忙，總是自己硬著頭皮攬下所有責任，需要改變習慣，貴人緣才會完全發揮效果，幫你減輕負擔；另外，今年受「飛廉」、「黃旛」等凶星的影響，家中有較多事情需要擔憂，常常會因為心中有所牽掛而難以全力以赴。

事業好運指數 ★★★★

工作經驗與天賦相得益彰，激發出許多靈感，加上三合貴人的助力，今年將可拿出很不錯的成績；與同事們的合作比過去密切許多，經過一段時間的磨合後，不但有了革命情感，也能帶給你更多的新靈感，嘗試採用一些過去沒有用過的工具或方法，從中累積新的經驗。擁有更多重的能力之後，可以運用在不同的專案上，提升效率與成效。

財運好運指數 ★★

雖然工作表現不錯，正財收入有一定的保障，但因為家中狀況的變化，多出了一些無法預估的支出，例如為年長家人設置無障礙設備等。外冷內熱的蛇朋友嘴上不說，內心其實非常在乎家人，因此會為家人砸重金，且視情況不斷添購器材，開銷也因此變得難以控制，想要存錢比較困難，也經常會為帳單頭疼。

愛情好運指數 ★★★

　　儘管人緣不錯，容易結交氣味相投的朋友，戀情卻沒什麼進展，原地踏步的狀況較多，原因無他，就是「太忙」了！蛇朋友的性格比較慢熟，戀情本來就發展得較慢，工作一忙起來更容易冷落愛情，想要擺脫單身的你，必須撥時間經營與對方的關係。另外，已經有伴的蛇朋友可以安排些活動，為自己與另一半增加良性互動、創造共同回憶，有助化解兩人間的隔閡。

功名好運指數 ★★★

　　屬蛇的學子在今年求學狀況不錯，能與同儕相互學習，慢慢改善各種缺點，原本課業較弱者也能逐漸追上進度。而社會人士在進修、考試方面，則因為家中事務繁多，發生準備不夠充裕的問題，必須要將準備應試時間拉長，才能順利過關。想求升遷的蛇朋友則可透過貴人相助，讓美夢成真。

健康好運指數 ★

　　受白虎、羊刃等凶星影響，今年有遭逢血光之災的可能，不過透過平日行善布施所累積的福報，將可牽動三合貴人來化解，不需為此太過煩憂；另外，這也代表今年可能會開刀，如果身上有一直擱置的健康問題，可趁今年評估狀況，安排時間動刀治療，並配合積極的回診與復健，擺脫困擾已久的毛病，讓今年成為你的健康元年喔！

化煞小提點

　　「白虎」星主血光、刑傷及破財的意外，可能招來災難橫禍。建議在新春期間前往宮廟祭解、制白虎來減少傷害，並在住家正門懸掛文殊九宮八卦圖來化煞、保護出入平安，也可隨身攜帶印有九宮八卦圖的小卡，將平安帶著走。同時間，也要留心自己的言行，即便跟他人意見分歧，也別出言挑釁，以免惹禍上身。

蛇 農曆 流月運勢

1月 JANUARY
事業 ★★★★
財運 ★★★★
愛情 ★★★
功名 ★★★★
健康 ★★★
鴻運日 7、11、19

擁有藝術品味的蛇朋友，在這個月裡可以因為自己獨特的才華受到旁人青睞，如果是從事與美感相關的工作，例如美妝、服裝產業，事業運勢更加高漲，不管是在創意表現還是業務開展上，都能表現亮眼，備受貴人青睞，而有望被賦予重任，承接重大案子。

財運也跟著事業的開拓而好轉，有意投資的蛇朋友，可以趁此時多方研究，選擇適合的標的，可望獲利豐厚。不過，或許是好運當頭，身邊也會出現嫉妒你的人，不時說些閒言閒語，加上蛇朋友又具有神祕感，更加引起旁人對你的生活有所臆測。

適時地分享一下自己的理念或嗜好，可以減低外界對你的猜想，也會讓人覺得你熱情開朗許多，不再那麼高冷，也可因此增進人緣。

2月 FEBRUARY
事業 ★★★
財運 ★★
愛情 ★★
功名 ★★★
健康 ★★★
鴻運日 18、25、29

本月諸事不順，健康狀況尤其欠佳，除了容易反覆感冒外，生活上還得注意因一時頭昏腦脹，造成摔跤跌撞的外傷。精神欠佳的蛇朋友，此時更加不喜歡被外人打擾，也因此引起同事對你的誤會，以為你不願配合，甚至趁你休假時打小報告，讓你被主管約談，平白增添許多困擾。

感情上也因為你疲於應付公事而變得比較忽略，讓另一半對你抱怨連連，覺得你不夠貼心又自我，偏偏此時的你已為生活夠焦慮了，對於另一半的反應根本懶得多做回應，結果造成對方心頭更不舒服，讓彼此的關係陷入低潮。

沒有伴侶的蛇朋友，這陣子想要開啟新戀情也是呈現「心有餘而力不足」的狀態，假使時間點不對，建議不需強求，先調整好自己比較重要，待時機成熟再來談戀愛。

3月	事業 ★★★ 財運 ★★★★ 愛情 ★★★★★ 功名 ★★★ 健康 ★★★
MARCH	鴻運日 11、20、23

無論在生活或是工作上，總是大小煩心事不斷，原本講定的企畫案又臨時變卦，得重新調整跟規畫，偏偏又必須在既定的時間內完成，讓你感到焦頭爛額，只得熬夜加班；要注意別積勞成疾，如果能找同事一起分擔工作，合力完成，將更能掌握進度，也避免獨自承擔過多的壓力。

另外，家中有成員可能出現財務問題，讓蛇朋友不得不出手協助，感到疲於奔命，也心生不少埋怨，還好最後能順利過關，不至於造成太多的損失。

情感關係穩固，跟另一半開誠布公溝通後獲得對方的體諒，也願意傾聽你的煩惱，貼心的舉止讓蛇朋友倍感溫暖，感情也更增溫。若跟對方仍處於交往階段的蛇朋友，可以趁此時考慮安定下來，共築甜蜜家庭。

4月	事業 ★★ 財運 ★★ 愛情 ★★★ 功名 ★★ 健康 ★★
APRIL	鴻運日 17

這個月有凶星入駐，讓蛇朋友有種事事受阻礙的無力感，職場上也可能要面對人事變動的狀況，必須分擔離職同事的工作量，讓蛇朋友忙得團團轉。另外，還要提防因公發生的意外災害，開車族一定要在精神良好時才能上路，避免熬夜導致閃神的狀況發生。而從事機械操作或必須使用刀具的蛇朋友，更要隨時保持警覺，以免發生血光之災。

在投資上也得格外謹慎，不要盲目跟風或者聽從別人的意見就貿然出手，小心會因此賠本。建議此時可選長久且保值的投資項目，房地產是最佳選擇。另外，在花費上也要量入為出，別因心情不好而靠購物消費來發洩，可能買到昂貴卻不實用的東西，甚至三兩下就壞掉了，不如好好存錢，並做好理財規畫，才不會得不償失。

5月	
MAY	事業 ★★★★ 財運 ★★★★ 愛情 ★★★ 功名 ★★★ 健康 ★★★ 鴻運日 8、20

事業上出現逆轉勝的狀態，身邊有了得力助手，幫助各項專案進展更順遂，同事間彼此合作無礙，發揮團隊精神，順利突破難關，並獲得客戶認可決定續約合作，亮眼的成績也獲得升官提拔的機會，成為主管並帶領團隊創下佳績。從事業務工作的蛇朋友則是業績上漲，滿滿獎金入袋，投資也輕易獲利，是個財運亨通的月分。

在感情上，有伴者跟另一半的濃情轉淡，發現彼此距離越來越遠，想要繼續經營下去，就必須打開心房溝通，並不時約對方到郊外出遊，感受大自然的能量，也讓心胸更加開闊。

單身者雖有機會遇到心儀對象，卻遲遲不敢展開追求，或是告白之後發現對方並沒有相等回應，雖然失落卻也無法強求，只能靜待下一段良緣到來。

6月	
JUNE	事業 ★★ 財運 ★★★ 愛情 ★★★ 功名 ★★ 健康 ★★ 鴻運日 2

職場人際關係不順，合作對象對你的要求過多，讓你疲於應對，負責的專案也發生錯誤，只能向主管低頭賠不是。同事間對你也頗有怨言，認為你的處理方式不夠妥當，讓團隊的士氣低落。

在工作上頻受打擊，讓你顯得有些垂頭喪氣，這時候如果能夠嘗試在家靜坐，將更能理清頭緒。另外，雖然事業上頗多起伏，但無損於你的財運，這陣子你的投資眼光精準，所選的投資項目皆能有不錯的獲益。

另一半受到你的情緒影響，心情也跟著波動，兩人的相聚時光成了彼此的訴苦大會，讓浪漫大為扣分。建議相處時不要都講公事，偶爾互相交流對於影集或是書籍的看法，可以提升彼此心靈溝通的層次。至於單身者的身邊若出現追求的人，宜好好把握，別再錯失開展戀情的機會了。

7月 JULY	事業 ★★★ 財運 ★★ 愛情 ★★★ 功名 ★★ 健康 ★ 鴻運日 9、21

工作上若遇到女性貴人，必須要好好把握，對方能幫助你打開更高的視野，並且間接促成更大的合作案。若靠自己單獨搏鬥，則有種事倍功半的感覺，宜運用活絡的人際關係，為自己的事業帶來轉機。

財運狀況稍弱，投資卡關，差點就要發生資金周轉上的問題，還好有長輩相助，才能化險為夷，順利度過難關。建議此時在生活上的花費要格外精打細算，避免不必要的浪費，才能守得住錢財。

健康運欠佳，突如其來的一場重感冒，導致你必須放下手邊的事務，讓本來就容易想東想西的蛇朋友，此時更容易鑽牛角尖。除了要適時地放輕鬆外，還可趁此時好好檢視自己的身體狀態，做一次徹底完善的健康檢查，及早面對跟調養，才能擁有更美好的未來。

8月 AUGUST	事業 ★★★ 財運 ★★★★★ 愛情 ★★★ 功名 ★★★★ 健康 ★★★ 鴻運日 8、15、27

無論正財還是偏財，這個月在財運上非常順遂，除了投資能夠獲利外，先前若有人向你借貸，也會在近期歸還款項。想要尋覓金主創業者，這時可望透過貴人牽線，找到適宜的合作者，進而拓展事業。

雖然在財運上表現卓越，但職場上卻遇到有心人士中傷，導致主管對你的觀感改變，試著尋找適當的時機跟對方解釋清楚，以免誤會累積得越來越多，最終影響到職位去留。另外，在洽談簽約時需格外嚴謹，合約條款的利弊要研究清楚，以免日後惹上官非。

在感情上，最近要小心有人從中搞破壞，挑動另一半對你的不安情緒，進而跟對方產生口角。蛇朋友因為懂得生活的品味，本來就容易招惹桃花，需適時地給另一半更多信任感，才不致引發感情危機。

9 月 SEPTEMBER	事業 ★★★★ 財運 ★★ 愛情 ★★★★★ 功名 ★★★ 健康 ★★★ 鴻運日 3、10、23

10 月 OCTOBER	事業 ★★ 財運 ★ 愛情 ★★ 功名 ★★ 健康 ★★ 鴻運日 20

近來業務繁忙，交際應酬特別多，但忙得很有價值，可以透過不同的聚會認識事業上的貴人，幫助拓展客源，或介紹大案子給你，尤其是女性貴人的助力特別大。此時不管是衝刺業績，或是找金主投資，都是非常恰當的時機。建議蛇朋友要好好把握這一波機運，有望讓事業再創高峰，名利雙收。

而在感情生活上也同樣好運不斷，與另一半交往多年的蛇朋友，有望論及婚嫁，在最近步上紅毯。而單身者的桃花運旺盛，女性的蛇朋友會發現自己身邊的追求者不斷，且條件都相當優秀，一時之間還不知道要與誰交往；男性的蛇朋友個性細膩，很能瞭解心儀對象的想法，只要主動出擊，適時地製造一點小浪漫，就能贏得對方的心，展開一段甜蜜的新戀情。

事業上仍然相當忙碌，但運氣卻明顯下滑，四處奔波卻依然搞不定手上處理的專案，或者勤於經營業務，但業績卻陷入停滯狀態，讓渴望突破的你有種處處受限的無奈感。另外，在與客戶交涉的時候，也很難獲取對方的認同，加上這個月欠缺貴人運，無人可以幫忙的狀況下，讓蛇朋友更顯孤單。

財運上也狀況連連，原本看好的投資標的，卻出乎你意料之外地難以獲利，想要出售房地產的蛇朋友，也遲遲遇不到好買家。而在生活上，又突然出現許多開銷，諸如座車拋錨、屋子漏水等狀況，讓蛇朋友不得不掏錢出來解決。也因此，如果身旁有朋友想向你借錢周轉，一定要量力而為，且可能要抱著短期內難以取回款項的念頭，以免日後陷入金錢糾紛。

11_月	事業 ★★★★★

11月
NOVEMBER
事業 ★★★★★
財運 ★★★★★
愛情 ★★★
功名 ★★★★
健康 ★★★★
鴻運日 4、11、28

一掃先前陰霾，此時運勢順利開展，洽談多時的合作案也塵埃落定，心中的大石頭終於放下。職場人氣高漲，主管對你刮目相看，給予優渥的獎金犒賞你的辛勞。投資也有獲利，讓一向講究生活品質的蛇朋友，在有了多餘的開錢後，適當地購買一些服飾精品，不僅讓品味大躍進，也會令心情更加愉悅。

美中不足之處是感情運較弱，近來與另一半容易意見不合，彼此的價值觀也越來越分歧，讓你充滿無力感。建議不要凡事都非得要爭個誰對誰錯，適時地讓步會讓感情更融洽。單身者在追求愛情上會遇到一些阻礙，讓你不知道是否應該要更主動示好，還是該收回熱情。如果覺得此時並非交往的好時機，可以先暫緩一下，以免讓對方壓力太大。

12月
DECEMBER
事業 ★★
財運 ★★
愛情 ★★★
功名 ★★
健康 ★★
鴻運日 9、21

在工作上雖然積極地想開發更多新專案，但總欠缺了一點好運，不是沒有遇到適合的貴人牽線，就是在細節處理上出錯而不斷修改，最後錯過良機，沒有獲得合作的機會。

無法遮掩的沮喪情緒也影響團隊士氣，同事們因為蛇朋友的低氣壓也跟著態度消極，結果讓老闆對你的印象大為扣分，甚至有意拔除你的主管職，必須打起精神來面對挑戰，不要老是沉溺在自我否定中，才能扭轉情勢。

壓力過大容易精神緊繃，健康狀況也較差，尤其是長期累積下來的慢性病，更需要好好地調養，休假時可多去海邊或山間散心，透過大自然能量來療癒自己。另外，在飲食上也必須要節制，餐餐大魚大肉容易造成身體負擔，吃清淡一點，整個人也會更神清氣爽，連帶心情也會跟著轉佳。

第 1 名

馬

紫微耀眼年

吉星｜紫微、龍德、地解
凶星｜吞陷、天殺、歲殺、天厄、暴敗

擁有吉星紫微、龍德及地解的加持，今年的馬朋友擁有極佳的逢凶化吉能力，加上總是精力充沛、神采奕奕，自然散發領袖氣質，成為團隊中的耀眼人物。想要開創新事業、展露才華的馬朋友，尤其要好好把握這一年，只要你積極用心，就能擁有傑出的表現，讓人生更上層樓。

事業好運指數 ★★★★★

反應快速的馬朋友，今年遇到難關時，總能迅速、明快地化解危機，這種特質讓老闆對你相當肯定，有望升官加薪。在處理一些大專案上，你也擁有極佳的好運氣，總是搶先一步察覺瑕疵，及早更正錯誤。而你的聰明機靈也贏得客戶的欣賞，對你更加信賴；另外，在擴展客源上，馬朋友也能獲得貴人相助，結識許多重要的大客戶，讓業績更加提升。

財運好運指數 ★★★★★

進財順遂，除了正職的穩定收入外，有意進軍投資市場的馬朋友也可把握良機，多吸收各類理財知識，選擇適合的時機投入資金，可以得到優渥的利潤。此外，想買賣房產的馬朋友，也能夠遇到優質的仲介商，談到符合你預期的金額。尋找金主的馬朋友，這陣子也可以尋覓到合適的投資主，擴大事業藍圖。而過去曾借出去的錢，今年也能順利拿回，毋需多慮。

愛情好運指數 ★★★★

今年馬朋友的桃花運頗佳，單身者可望因公結識適合的對象，對方可能是同辦公室的同事，也可能是因做生意認識的客戶。已婚者雖然婚姻穩定，但因你常忙於公事，疏於照料另一半的心情，而不時在生活上有些小摩擦，不過只要願意耐心溝通，就能盡釋前嫌。另外，有些馬朋友會再巧遇分手多年的對象，並發現自己仍難忘舊情，加上雙方都各有成長之後，很有機會再度復合。

功名好運指數 ★★★★★

想要名利雙收的馬朋友，今年有望達成心願，雖然身邊有些人不看好你，但馬朋友會展現出令人驚艷的實力，讓其他人為之折服，獲得極佳的升遷機會。另外，今年也是有利於累積名聲的一年，你可以妥善發揮開朗、活潑的一面，也可在網路上累積聲量成為網紅，影響力大增。至於要面對考試的學子們，考運也相當順遂，需要面試的馬朋友，更是能輕鬆得到高分。

健康好運指數 ★★★★

今年的馬朋友身體狀況還算不錯，可能偶爾會生個小病，但不成大礙，不過要小心別過勞，衝勁十足的你經常會忙於工作而忽略了休息，或者忙到忘了吃飯，結果導致感冒或腸胃不適。如何一邊忙碌還能一邊維持健康，成了重要的課題，建議除了要注意飲食均衡外，也要適時地放空，假日可以去爬爬山、露營，吸收芬多精，都是能讓身心放鬆的方式。

化煞小提點

「暴敗」星會增添意外發生的機會，且可能在事業上遭遇小人，雖然馬朋友今年坐擁運勢冠軍，仍要謹言慎行，避免給人過於自滿的印象，人際關係融洽會讓生活更順遂。建議可以隨身攜帶十相自在的護身小卡，或擺放葫蘆擺鎮在辦公桌上，幫助化解災厄，讓運勢更加順遂。

馬

農曆
流月運勢

<table>
<tr><td rowspan="6">1
月
<small>JANUARY</small></td><td>事業 ★★★</td></tr>
<tr><td>財運 ★★★★</td></tr>
<tr><td>愛情 ★★★★</td></tr>
<tr><td>功名 ★★★★</td></tr>
<tr><td>健康 ★★★</td></tr>
<tr><td>鴻運日 11、17、23</td></tr>
</table>

這陣子心情起伏較大，容易在工作上對同事的表現感到不滿意，加上個性自我的馬朋友很容易引起同僚的誤會，讓職場關係陷入低潮，尤其馬朋友一向不愛遮掩情緒，喜怒都形於色，因此變成同事間的話柄。

即便如此，馬朋友還是認為不需刻意討好誰，繼續我行我素，建議要適時地轉換情緒，對他人多一點包容心，圓融的人際關係才會讓公事進展更順利。

情感關係上也處於較多波折的階段，對於另一半欠缺耐心，經常吵吵鬧鬧，也折損了感情。如果想要繼續平和相處，一定要以智慧去化解歧見，或者與對方一塊參加正信的宗教團體或心靈成長的課程，有助於更加瞭解彼此並化解摩擦。單身者別再搞孤僻，宜多參加團體聚餐活動，有益桃花興旺。

<table>
<tr><td rowspan="6">2
月
<small>FEBRUARY</small></td><td>事業 ★★★★★</td></tr>
<tr><td>財運 ★★★★</td></tr>
<tr><td>愛情 ★★★</td></tr>
<tr><td>功名 ★★★★</td></tr>
<tr><td>健康 ★★★★★</td></tr>
<tr><td>鴻運日 12、18</td></tr>
</table>

事業運轉佳，阻礙迎刃而解，整個人神清氣爽，深受主管的青睞，願意提拔你肩負更多的重責大任。雖然周遭眼紅者不少，對你有成見的同事也不少，但好運當頭的你並不在意其他人背後的閒言閒語，專心一致地拓展業務，讓工作進展更順暢。

透過貴人的牽線，有望與大客戶餐敘，相談甚歡的過程讓對方對你加深好感，願意跟你展開新的合作，為公司帶來良好的業績，使得職場地位更穩固，接下來的提案也都獲得主管認可。

財運暢旺，不只是正財增加，偏財運也非常好，挑選的投資項目都能獲得優渥的利潤。同時間，還有機會獲得精通理財的朋友指點更多的投資法門及理財良方，在細心規畫之下，財富累積迅速，可望成為日後創業的資本。

3月	事業 ★★★
	財運 ★★★
	愛情 ★★★★
	功名 ★★★★
MARCH	健康 ★★★
	鴻運日 6、18

進行中的企畫案，可能因合作對象中途退出而中斷，令一心以為能夠順利過關的馬朋友受到不少打擊，但還好此時出現別的合作機會，雖然利潤不如原本案子來得高，還是有所彌補，讓馬朋友鬆了一口氣。

這樣逆轉勝的機緣還發揮在生活上，例如本來想購買的折價品錯過優惠期限，但又意外地發現其他更物美價廉的用品可以替代；或者到某家公司應徵沒上，但接著卻又接獲另一家更大的企業通知面試，諸如此類的轉運過程，讓你覺得自己真是個幸運星。

感情上也有驚喜，曾經錯過的心儀對象，又陰錯陽差地出現在你的生命中，且再度讓你怦然心動，這一回一定要好好把握，跟對方爭取更多時間相處並展現自己的長處，有望再續前緣而升格為戀人。

4月	事業 ★★★
	財運 ★★★
	愛情 ★★★
	功名 ★★★
APRIL	健康 ★★
	鴻運日 6、24

最近有些神奇的因緣，讓你得以接觸原本生活圈之外的朋友，透過他們獲得經營副業的機會，開啟斜槓人生。也因為有拓展事業的良機，讓原本在事業上覺得自己沒什麼突破的馬朋友，有種重生的感受，希望能透過這樣的機緣更接近自己當老闆的夢想，闖出一片天。

另外，也有一些馬朋友在職場上遇到一些難關：同事不相挺就算了，甚至還跟主管打小報告指責你能力不足，但危機就是轉機，這反而激起你求表現的意願，讓主管對你萬分肯定。

健康運較弱，一不小心就感冒了，加上腸胃不適，讓你非常虛弱，偏偏此時又特別忙碌，讓你有種拖著身體硬撐作戰的感覺，建議還是要把健康放在第一位，別把賺來的錢都拿去付醫藥費了。

5月	事業 ★★
MAY	財運 ★★★
	愛情 ★
	功名 ★★
	健康 ★
	鴻運日 19

這個月會在事業上遇到一個大轉機，可能會有人挖角你，或者遇到一個攸關下半年業績的合作案，在這個重要的轉捩點，馬朋友切記要冷靜下來，理性思考，不要意氣用事，也須避免心浮氣躁，因為這是一個足以決定未來會大好還是大壞的時刻，必須以智慧的心思考，才能做出正確的決定。

一向很有企圖心的馬朋友，這時候在人際關係上有比較多的波折，職場上出現競爭者要跟你一較高下，讓不服輸的馬朋友拚命求表現，只希望不要落於人後。

財運上的收穫頗佳，雖然有些預期之外的開銷得要負擔，但整體財務控管得宜，不至於失血過多，或出現入不敷出的狀況。至於在投資上，一樣要保守為上，不可因一時衝動而盲目跟風，以免承擔錯誤的後果。

6月	事業 ★★★★★
JUNE	財運 ★★★
	愛情 ★★★★
	功名 ★★★★
	健康 ★★★★
	鴻運日 1、13、25

充滿冒險精神的馬朋友，想在此時積極開拓人生的視野，可能會突然間辭職，轉去當接案的自由工作者，或者再念個學位，也有可能去國外遊學，希望透過不同的體驗，告別原本一成不變的生活，重新尋找人生定位。

依然在職場上打拚的馬朋友，也一樣充滿追求改變的渴望，可以試著跟主管爭取轉換部門或職位，藉由不同的工作性質累積新的資歷，而這樣的需求也獲得上司的允許，順利轉換到其他位置，繼續打拚。

透由改變而重拾新鮮感的馬朋友，生活能量飽滿，但在感情上卻有可能讓外界跌破眼鏡，不是突然分手，就是決定閃婚。單身的朋友若有暗戀對象，也會在這時間點讓戀情開花結果，從朋友升格為戀人，享受戀情的浪漫滋味。

7月	
JULY	事業 ★★
	財運 ★★
	愛情 ★★
	功名 ★★★
	健康 ★★★
	鴻運日 20

這陣子的動盪較多，除了因為工作轉換面臨的適應期，對新事務的不熟悉感導致差錯不斷外，生活上也有很多突發事件，比方說某位至親好友突然受傷或生病需住院，讓一邊忙著工作的你一邊還要撥時間去探望及照顧對方，心情也受到影響，沉溺在陰霾重重的情緒中，經常擺著一張臭臉，只會讓別人更不敢親近你。

感情上也發生狀況，例如交往的對象突然出現財務危機，向你開口請求幫忙，或者另一半跟別人搞曖昧，讓馬朋友打翻醋罈子而爭執不休。建議不要出口傷人，這樣只會讓彼此的關係更加惡化，先讓自己的心安定下來，再找時間跟另一半好好溝通，如果仍要維繫感情下去，就必須坦承以對，理性的對話能轉化處於低谷的感情，往好的方向發展。

8月	
AUGUST	事業 ★★★★
	財運 ★★★★
	愛情 ★★★★★
	功名 ★★★★
	健康 ★★★
	鴻運日 8、20

原本預定的計畫大幅落後，但還好有貴人出現相助，不僅在短時間內幫你解決原本的問題，還提供更多的支援，讓馬朋友無後顧之憂，得以順利將專案告一段落。

人際關係上也有所進展，透過聚會結識來自各方的人脈，每個人都在不同的領域上擁有專業的背景，提供中肯的意見幫助你拓展事業版圖，做更多的異業結合。

感情上也有喜事，愛情長跑多年的馬朋友，終於願意安定下來，給彼此終身的承諾，一同進入婚姻生活。已婚的馬朋友有望增添新寶寶，夫妻倆忙著採買嬰兒用品，對未來懷抱美好的夢想。單身的馬朋友身邊桃花興旺，被愛慕者或追求者包圍，最終馬朋友會選定那位真命天子（女），為對方付出情感並擁抱新戀情。

9月
SEPTEMBER

事業 ★★★
財運 ★★
愛情 ★★★★
功名 ★★★★
健康 ★★
鴻運日 21、24

10月
OCTOBER

事業 ★★★
財運 ★★★
愛情 ★★★★
功名 ★★★★
健康 ★★★★
鴻運日 10、27

個性自我的馬朋友，常在無意中得罪人而不自知，到了這個月就會發現原來自己在職場上已經樹敵眾多，有些人在你的背後搞小圈圈，試圖讓你孤立無援。自信的馬朋友其實不會因為別人的閒話而自我懷疑，反而鬥志十足，更加想證明自己的實力。果然你的主管不因其他人的小動作，對你的表現打折扣，反倒很欣賞馬朋友獨當一面的氣魄，甚至拔擢你成為團隊要角，給你更大的空間表現。

另外，這陣子的馬朋友可能因為用腦過度，導致有點腦神經衰弱，不僅晚上失眠，白天還不時頭痛，或者眩暈，建議此時要讓自己放慢步調，不要急著把手邊工作一下通通完成，並且可以塗抹適當的精油在穴位上，有助於放鬆，舒緩緊張情緒，給自己一點喘息空間，再回到工作上會更有效率。

相較於先前戰鬥力十足的狀態，這個月的馬朋友顯得有些意興闌珊，主要是之前衝刺過度導致太操勞，讓健康亮起紅燈。馬朋友一面要忙著顧身體，一面也懷疑自己為什麼要拚到生病？開始有點想放鬆，生活焦點不想全數都放在事業上。

放慢腳步後的馬朋友，願意把更多時間拿來充電，看更多的好書或追好劇，享受珍貴的獨處時光。另外，有些馬朋友，在健康轉佳之後會更珍惜家人的陪伴，不再從早到晚都忙工作，連回家都不得休息，反而願意規畫更多親子遊戲，讓自己擁有更多陪伴家人的時光。

因為這樣的重心轉移，馬朋友的身心得到休憩，且跟家人之間的關係會更形緊密，與伴侶之間的關係也變得更甜蜜。

11月 NOVEMBER

事業 ★★
財運 ★
愛情 ★★
功名 ★
健康 ★★★
鴻運日 16

12月 DECEMBER

事業 ★★★★★
財運 ★★★★★
愛情 ★★★★
功名 ★★★★★
健康 ★★★★★
鴻運日 11、19、23

財務上遇到比較嚴重的狀況，需要調度資金才能過關，讓馬朋友四處找親友幫忙，卻無法立即解決問題，只能乾著急。

同時間，工作上也遇到瓶頸，不是業績大幅滑落，就是企畫案出了錯，而你必須要負擔全責。加上同事間競爭激烈，跟其他表現優秀的人比起來，更容易凸顯你做事的成效不彰。就連主管對你也開始抱怨頻頻，要求你限時內要改善狀況，否則職位可能不穩。

受到打擊後的馬朋友，情緒也明顯被波及，焦躁的脾氣讓另一半有些受不了，開始對你避而遠之，彼此的關係也陷入谷底。建議諸事煩心的馬朋友，面對眼前的難題，宜靜不宜動，要更加沉穩應對，越是煩躁越容易出錯，或跟另一半起更多的摩擦。

近期的馬朋友有種谷底反彈的感覺，走過先前的低潮期，再次重振旗鼓，在事業上大有斬獲。受到貴人的幫助，讓原本遭遇的難關得以緩解，從商的馬朋友可獲得一筆金援，令陷入財務困境的公司得以穩定下來。另外，在事業上也出現新的合作夥伴，對你的創意感到激賞，讓馬朋友有機會實現自己的理想，在專案上交出亮眼的成績單。

事業的順遂讓馬朋友精神大振，表現也因正向的思考而好轉。同時間，馬朋友開始為自己擬定固定的運動表，不管是上健身房、室外跑步，都是增加體力的好方式。建議馬朋友可以多做瑜伽，舒緩肢體，這也是極佳的抒壓管道，對急性子的馬朋友來說，是調養身心的理想方式。

第 12 名

羊

堅強迎戰年

吉星｜月空
凶星｜大耗、歲破、豹尾、月殺、的殺、闌干

今年對羊朋友來說，是充滿衝擊的一年，逢變數甚多的「歲破」星入駐，加上其餘凶星的影響，對凡事喜歡面面俱到的羊朋友來說，常有來不及應變的感覺，無法事事都在預期的掌控範圍內，讓羊朋友內心有種孤獨、沮喪的感受，建議要隨時提醒自己保有樂觀的想法，事情才能往好的方向進展。

事業好運指數 ★

工作上欠缺幫助你化險為夷的貴人運，多數的難題都需要自己獨立解決，這對喜愛團隊合作的羊朋友，格外有種孤軍奮戰的無力感。從事業務工作的羊朋友，則可能失去重要的大客戶，讓你備受打擊。另外，主管對你的百般挑剔，讓個性有些悲觀的羊朋友，更加陷入自我否定的狀態中，建議不要一直處於低潮中，打起精神面對挑戰，才是最好的處理方式。

財運好運指數 ★

財運因凶星「大耗」的影響，需格外注意錢財的使用，不要因為心情欠佳就任意購物來紓壓，花錢之前要精打細算，避免買到昂貴又不實用的商品，且最好要有固定儲蓄的習慣，才能守得住財。另外，今年要避免投機型的投資方式，否則很容易就會賠本殺出，建議盡量以保守的方式理財，除了定存之外，可以考慮購買房產或能增值的珠寶、藝術品等，會是不錯的選擇。

愛情好運指數 ★★

因事業、財運各方面的不順導致內心壓力倍增，但羊朋友寧願自己埋頭療傷，也不願意一天到晚跟另一半訴苦，導致對方誤解你的態度，以為你刻意搞神祕，反而增加了兩人之間的摩擦。建議羊朋友要打開心房，讓對方瞭解你的苦衷，減少誤會的發生。單身的羊朋友若想追愛，一定要再主動一些，直率的態度會加快擁抱戀情的速度。

功名好運指數 ★

想求功名的羊朋友，今年也可能面臨困難重重的狀態。希望獲得升遷機會的你，會面臨競爭者的打壓，必須拿出更多的實力，才有機會贏得老闆的青睞。而仍在就學或打算考證照的羊朋友，更是要加倍努力，不可以抱著僥倖過關的心態，唯有扎實地準備，才有可能拿下佳績。且考前要避免感冒或受傷等意外，才能以最好的狀態應試。

健康好運指數 ★★

健康運欠佳的羊朋友，今年容易大小感冒不斷，要多注意氣候變化，飲食上也要盡量把握吃得營養、清淡的原則，避免油膩的食物，以免腸胃不適。另外，羊朋友很容易因心頭鬱悶而熬夜及過度焦慮，忽略健康狀況，除了可以常用滾珠式精油按摩穴位放鬆外，也建議至水晶岩盤的空間靜坐，補充能量並降低內心的浮躁感，有益安定身心。

化煞小提點

逢「歲破」星入駐，容易有破財或身心虛耗的狀態，且行事上容易遭逢不順，常有鬱鬱寡歡的傾向。建議要至廟宇安太歲或點光明燈，並於辛丑年農曆 12 月 24 日「送神日」酬謝太歲星君一年來的照顧，也可以多出席喜宴、壽宴等歡慶場合沾喜氣，或多誦持佛號安定心神，消災解厄。

羊

1月 JANUARY	事業 ★★★ 財運 ★★★★★ 愛情 ★★★★ 功名 ★★★★ 健康 ★★★★ 鴻運日 4、24、28

最近從事業務工作的羊朋友有種事倍功半的感覺，雖然很努力卻始終無法讓業績達標，心情也因此大受影響，經常愁眉不展。還好主管對你的鼓勵多於責備，願意多給你一些時間去改善業務狀況，讓你大為感激，也努力找尋方法，試圖突破困境。

從事企畫工作的羊朋友則是創意湧現，卻還沒有機會表現，讓內心感覺有點苦悶，也開始懷疑自己在公司的價值，心生轉換工作的念頭。建議不要太心急，可以多跟主管溝通，等到最好的時機展現自我，創造亮眼成績。

感情如沐春風，另一半體諒你在工作上的辛勞，願意主動分擔家事，讓羊朋友感到溫暖窩心。單身的羊朋友近期可望透過團體活動認識新對象，彼此志趣相投，也樂於分享交流，很快就能燃起愛火。

2月 FEBRUARY	事業 ★★★★ 財運 ★★★ 愛情 ★★★ 功名 ★★★ 健康 ★★ 鴻運日 11、19

這陣子遇到貴人提點，令羊朋友有種智慧大躍進的感覺，職場上的人際關係也更為活絡，讓業績大為提升，獲得豐厚的獎金。上級對你的表現更是打滿分地肯定，讓容易在意他人看法的羊朋友感到非常開心，也更加提振效率，努力在業績衝刺上打拚。

同時間，過去一些糾結的情緒也為之遠離，羊朋友決定以正向的思考面對生活，積極的態度也讓運勢更加開展，經常面帶微笑更令你到哪都受人喜愛，人緣好，自然工作也更順利。

除了正財運佳，偏財運也興旺，理財有方的羊朋友非常善於開源節流，精打細算過日子。這陣子投資股票、房產的眼光精準，選對足以獲利豐沛的目標，加上身旁還有理財專家幫助你規畫財務，讓羊朋友加速往小富翁的路上邁進。

<table>
<tr><td rowspan="2">3月
MARCH</td><td>事業 ★★★★</td></tr>
</table>

3月 MARCH

事業 ★★★★
財運 ★★★
愛情 ★★
功名 ★★★
健康 ★★★
鴻運日 1、29

4月 APRIL

事業 ★★★
財運 ★★★★
愛情 ★★★
功名 ★★★
健康 ★★
鴻運日 7、11

從事幫人調停或顧問相關工作的羊朋友，這陣子有如魚得水的感覺，外柔內剛的你非常善於幫人化解糾紛，並贏得客戶的信賴感。當老闆的羊朋友這陣子則是財運興旺，還特別加發獎金犒賞有功勞的員工，此舉自然深獲人心，讓整間公司的凝聚力十足，上下一心地全力衝刺業績。

雖然事業運佳，但生活上卻有不少困擾，好友因誤會而逐漸疏遠你，讓重感情的羊朋友有些難過。另外，家人間也常起口角爭執，還好有你這個超級和事佬幫忙緩解衝突，但過程中也讓你的心情受到一些波及。

健康運稍弱，這陣子做健康檢查的羊朋友可能有三高的傾向，不僅要調整日常的飲食習慣，還要規畫健身的時間，如果偷懶只會讓身體狀況更差，一定要提醒自己動起來。

這陣子有望至外地拓展業務，或者轉換職場，從事跟過往截然不同的工作類型。置身在陌生環境中的羊朋友，應試著改變低調被動的習慣，盡量打開心房跟旁人交流，多結交朋友能讓你更快進入狀況，有助於事業的開展。

另外，羊朋友最近可能會有洽談新合作案的機會，在簽訂新合約時，切記要謹慎小心，寧願多花一些時間來回琢磨，也不要貿然簽約，細心一點將能避免未來可能發生的糾紛。

而在健康方面，這陣子到外地發展的羊朋友要注意水土不服的情形，容易出現感冒、腸胃炎、頭暈目眩等狀況，加上精神緊繃，讓你有種身心俱疲的感覺。建議要吃清淡一點，並維持正常的作息，晚上睡覺前可以使用薰香或點上精油燈來舒緩身心，獲得更好的睡眠品質。

5 月	
MAY	事業 ★★★★ 財運 ★★★ 愛情 ★★★★ 功名 ★★★★ 健康 ★★★ 鴻運日 2、26

對羊朋友來說，這個月會有凡事漸入佳境的感覺，新接手的事務越做越上手，且身邊還出現貴人協助，將你的專案推動得更迅速。溫和的羊朋友在人際關係上常無往不利，近期會更明顯地發現自己的人緣運勢超好，只要你開口請求幫忙，一定會得到適當的協助。

從事業務工作的羊朋友，也會發現自己處處討喜，客戶都變成自己的好友，也願意捧場你推銷的商品，讓你的業績提升不少。

愛情運勢也相當順遂，單身的羊朋友會在意外的場合中遇到自己理想中的對象，找時機向對方表達好感，會立刻得到他（她）的善意回應，迅速展開熱戀。已婚的羊朋友最近跟另一半默契十足，不管是在家事安排上還是小孩的教養問題，均腳步一致，感情也好到如膠似漆。

6 月	
JUNE	事業 ★★ 財運 ★★★ 愛情 ★★ 功名 ★★★ 健康 ★★ 鴻運日 8

最近不管在工作還是生活上都出現許多挑戰，考驗著羊朋友的耐心與韌性。先是在事業上遭逢瓶頸，可能因為販售的瑕疵品遭到客戶投訴，主管認為你應該要負全責，讓你的內心非常著急。偏偏羊朋友又不善於辯解，只能把苦往肚子裡吞。

另外，有些羊朋友則是高估了自己的能力，一下子承擔過重的工作量，導致從早奔波到晚，家人並不諒解你為何要這麼操勞，於公於私都承受莫大壓力的羊朋友，心情變得很憂鬱，加上體力不濟，整個人常恍惚出神，出門在外時得特別小心交通安全，以免因為自己的一時疏忽造成事故。

建議此時的羊朋友宜每天給自己一些獨處的時光，放下煩躁的情緒來靜坐，能讓你從內到外放鬆，有助於重新理清思緒。

7 月	事業 ★★
JULY	財運 ★★
	愛情 ★★★★
	功名 ★★
	健康 ★★★
	鴻運日 7、19

8 月	事業 ★
AUGUST	財運 ★★
	愛情 ★★★
	功名 ★★
	健康 ★
	鴻運日 21

雖然一時半刻無法突破在工作上的困境，但這個月對羊朋友來說，卻是令人難忘的一個月，主要是逢情感上的吉星入駐，單身多時、渴望擁抱戀愛的羊朋友，終於等到心儀對象出現，讓你暫時忘卻事業上的煩惱，全心經營新戀情。

有穩定交往對象的羊朋友會在最近興起想婚的念頭，只要你表達想攜手共渡一生的誠意，對方會欣然與你邁向人生另一個階段。已婚的羊朋友這陣子跟另一半的相處也更形緊密，刻意在生活中製造一點小浪漫，將有助於彼此的感情更上層樓。

另外，羊朋友也要注重生活上的小細節，做事情要小心謹慎，否則容易受傷，例如切菜割到手、被開水燙傷等的意外之災，雖然不太嚴重，仍不可大意。

工作上遇到大低潮，例如公司因為經營不善而必須大裁員，你恰好就名列在裁員名單中，或者原本進行的專案突然中斷，這些大轉折讓羊朋友不知所措，容易多愁善感的你此時顯得更加憂鬱，陷入到一種天彷彿要塌下來的痛苦中。

雖然可能要面臨像失業或降職、減薪等大打擊，但幸好人緣不錯的羊朋友，可以獲得眾親友安慰及鼓勵的力量，慢慢恢復自己的情緒，並願意接受現實，開始對生活做出調整，適應新的變化節奏。

有句話說「危機就是轉機」，經過這次的低潮，羊朋友會讓自己的個性更成熟，未來才能迎接更多的新挑戰。另外，這時候還要小心破財的情形發生，甚至會出現掉錢包等的狀況，因此在金錢運用的部分，更要量入為出，謹慎為上。

9月 SEPTEMBER	事業 ★★★ 財運 ★★★ 愛情 ★★ 功名 ★★★ 健康 ★★ 鴻運日 **8、20**

經歷生活上的大轉折後，此時的羊朋友開始重新思索自己的新方向，建議可以再進修，多學一技之長，有助於累積未來轉業的新能量。至於在職場上遭逢不順的羊朋友，這個月的狀況會稍微好轉，主要是身旁出現貴人相助，除了引領羊朋友走出低迷的情緒外，還將牽線介紹新的工作或重要客戶給你，替羊朋友的事業開啟另一扇窗。

雖然事業有變好的跡象，但羊朋友在處理事務的細節上要多小心，這陣子的你較為浮躁一些，也不像平常那般細心，所以要避免出錯，就必須來回多確認自己的處理方式是否得宜。

感情運勢較弱，容易跟另一半為了一點小事僵持不下，建議要耐心溝通，對方會逐漸理解你不舒服的感受，讓情感關係出現轉機。

10月 OCTOBER	事業 ★★★ 財運 ★★★ 愛情 ★★★ 功名 ★★ 健康 ★★★ 鴻運日 **14、22**

雖然在工作上遇到某些人不看好你的能力，甚至跟主管進讒言希望能剝奪你的權力，但個性不慍不火的羊朋友，能發揮智慧去化解危機，沉穩應對，在適當的時機跟高層解釋你的作為，並提出令人激賞的創意點子，使得原本深陷的危機得以緩解，想要扯你後腿的小人也將自討沒趣地退場。

另外，近期有跟朋友合資做生意的羊朋友，要格外小心彼此的合作模式，是否能真正達到各取所需。有時候重感情的羊朋友，寧願吃虧也不願把話說明白，結果就是讓自己承受了不少委屈。

不僅在公事上要黑白分明，在財務上更是要跟合作的對象劃分清楚，否則日後可能會發生金錢糾紛，屆時不僅朋友做不成，甚至還會對簿公堂，狀況反而會變得更複雜。

11月	事業 ★★★
NOVEMBER	財運 ★★
	愛情 ★★
	功名 ★★★
	健康 ★★★
	鴻運日 5、17

12月	事業 ★★
DECEMBER	財運 ★
	愛情 ★★
	功名 ★
	健康 ★
	鴻運日 23

眼前的工作難度變得更高，即使並非自己熟悉的事務，卻被主管要求需要在短時間內完成，讓求好心切的羊朋友倍感壓力，埋頭苦幹希望能達到公司要求。此時身邊會出現一位意料之外的女性貴人，好心提供一些方向及實務經驗，帶領羊朋友在限期內完成任務，且比預期中的表現更突出。

健康狀況欠佳，累積了大半年的奔波辛勞，在此時讓你有種深沉的倦怠感，有些不注重飲食習慣的羊朋友，要小心被慢性病纏身。建議這時候不要再一直汲汲營營，試著讓自己放緩速度，在假日出門走走，到海邊欣賞海景，讓自己的心胸更開闊，煩惱也能逐漸釋懷，心靈的狀態將深深影響著身體，以正能量的思維來療癒身心，慢慢就能讓健康轉佳。

近期不管在面對生活的哪一方面，都有一種深深的無力感，覺得自己總是付出許多，得到的回報卻很少。在事業上，主管始終對你懷有成見，不滿意你的處置方式，同事間也少有願意主動幫忙的人，讓你在職場上有種孤單感，經常鬱鬱寡歡。

心生轉換工作念頭的羊朋友，卻始終沒有尋覓到理想的職位，去面試應徵過後也沒有下文，讓你無奈萬分。

財運也欠佳，最近有幾筆大開銷要支付，雖然已經盡量節省，仍覺得經濟壓力沉重，想要多闢財源的羊朋友，會發現這陣子投資的成效遠不如預期。另外，想轉手出售房產者，也乏人問津，只能繼續等候買家上門。諸多不順遂的事情讓羊朋友悶到爆，想要快速解套卻苦無方法，只能等待更好的時機來臨。

猴

積極開創年

吉星｜月德、天喜、攀鞍
凶星｜死符、陰殺、小耗

天生幽默機智的猴朋友，今年會格外感覺自己人緣運暢旺，到哪都受人歡迎，自然事業運也跟著攀升，桃花運也大開。這種如有神助的好運，使得許多困難的事情到你的手上，都能迎刃而解。擁有強大的自信心雖然很好，但切記不要得意忘形，今年的你很容易因一時大意而生病，要多留心健康狀況。

事業好運指數 ★★★★

今年的猴朋友適合積極往外發展，多與人接觸，商機自然跟著來。從事業務工作的朋友，可望業績提升，並能讓客戶滿意。貴人運佳的猴朋友，也可以透過親友介紹認識重要客戶。另外，頭腦靈活的猴朋友，可以展開斜槓人生，同時從事兩份以上的工作，展現多樣才華，或者是自行創業，成立工作室，都是猴朋友可以積極嘗試、努力開拓的新方向。

財運好運指數 ★★

受到凶星「小耗」的影響，今年猴朋友在財運上要留心財進財出的狀況，尤其因人緣活絡，交際應酬也跟著變多，大小聚會的餐費、禮品消費累積下來也是一筆不小的開銷，加上又需要增添行頭出席各種場合，錢賺得多也花得快。建議要做好財務規畫，將必要的花費掌控在一定的額度內，錢財才不至於如流水般流逝，而能守得住財，未來才有本錢做更多的投資。

愛情好運指數 ★★★★

今年的桃花運極旺，如果有愛情長跑多年的對象，便可以選個好時機與對方步入禮堂，完成終身大事。已婚的猴朋友今年跟另一半如膠似漆，就算有些小爭執，也可以很快化解，且有機會增添家庭新成員，讓整個家洋溢著期待新生兒的喜悅。至於單身多年的猴朋友，今年有望脫單成功，可以藉由社交平台或者網聚結識新對象，迅速墜入愛河。

功名好運指數 ★★★★★

有功名吉星「攀鞍」的庇佑，今年的功名運勢極佳，且有升官加薪、或者被高薪挖角的機會。自己當老闆的猴朋友，可以自家的產品打開知名度，在網路上獲得支持的聲量，有利於生意的拓展，名利雙收。另外，仍在求學的猴朋友也有極佳的考運，只要按部就班地念書，仔細研究好題庫，可望能在各種類型的考試中脫穎而出，贏得好成績。

健康好運指數 ★★

健康運稍差，容易因各種輕忽導致疾病上身，比方說出門沒有帶傘，淋得一身濕而受到風寒，或者是天冷沒做好保暖，結果導致感冒上身；也可能沒注意到食物或飲品的保存期限，品嚐後惹得腸胃炎發作。種種的大小毛病讓猴朋友很困擾，建議平日要養成良好的衛生習慣，關注天氣預報，且吃東西要忌口，盡量吃清淡一點的食物，以免造成身體負擔。

化煞小提點

「死符」星容易招致無妄之災，或者疾病纏身、體力耗弱，需好好保養，平日可以多補充維他命，且常清理居家環境，隨身可攜帶除穢噴霧或艾草香包，隨時轉化周遭磁場。另外也可以多持誦藥師佛心咒，或配戴刻有藥師佛心咒的手鐲，祈求身心健康，平安無礙。

猴

1月 JANUARY	事業 ★★ 財運 ★ 愛情 ★★ 功名 ★★ 健康 ★★ 鴻運日 **13**

受到景氣動盪影響,行事上不太順利,有些事情即使努力了,也暫時看不見成果,讓你感到灰心不已。此時不必太過在意得失,拋開雜念去做事,反而會讓情勢有所改變。

在事業方面,主管可能指派你去協助其他單位,可是你也有分內事要處理,實在是分身乏術,但是直接拒絕對方又會得罪人,只能幫多少算多少,即使最後功勞不歸你,但願意承擔的工作態度,一定會有所回報。學習方面也是如此,投入很多時間去做小組報告,老師卻只誇獎其他人,對你的表現只是草草帶過,心裡多少會有些不甘心,但不要氣餒,下次再努力就行。

進財也較為辛苦,很多剛賺到手的錢,過沒幾天又得繳交各項費用,以至於手頭拮据,想買的東西都必須先暫緩,才足夠應付日常開銷。

2月 FEBRUARY	事業 ★★★★★ 財運 ★★★★ 愛情 ★★★★ 功名 ★★★★★ 健康 ★★★★★ 鴻運日 **8、10、22**

經歷過一番考驗,終於突破陰霾,順利找到自己的定位,盡情地發揮所長,創造佳績,將事業推向巔峰。正打算年後轉職的人,可能在此時收到升遷通知,可以好好考慮一下,不管怎麼選擇都有不錯的發展。

除了工作上獲得的收入外,還有幸獲得貴人的金玉良言,傳授給你許多過去不知道的理財撇步,照著做能省下不少財富;如想開始投資理財,可買進他們推薦的投資標的,獲利相當不錯;而且對方擁有的廣大人脈,也能為你牽線,更快找到願意贊助的廠商,對財運或事業都有幫助。有時候多為別人考慮一些,不要把自身利益看得太重,這樣會讓你更受歡迎,也能從良好的互動中結交到知心好友,跟著他們一起體驗新事物,生活變得更豐富多彩。

<table>
<tr><td>3_月</td><td>事業 ★★★★
財運 ★★★
愛情 ★★★★
功名 ★★★★
健康 ★★</td></tr>
<tr><td>MARCH</td><td>鴻運日 2、16</td></tr>
</table>

3月 MARCH	
事業	★★★★
財運	★★★
愛情	★★★★
功名	★★★★
健康	★★
鴻運日	2、16

生活出現一些意外小插曲，所幸靠著沉著的應變能力，以及身邊的朋友給予的協助，很快就把問題給解決了。遇到事情不要慌，冷靜下來思考，一定能夠找到解決問題的方法，順利化解危機。

因為工作的關係，人與人之間的交流也變多了，原本不熟的同事，見面也會打招呼，去其他部門串門子時也會寒暄幾句，甚至打聽到有趣的情報，令上班氣氛相當愉快。下班後，同事可能會邀請你參加聯誼活動，如果現在還沒有對象的人，不妨答應邀約，也許會遇到未來的另一半。

健康方面要多注意，不可仗著身體還撐得住，就經常熬夜追劇、玩遊戲，等意識到時體力已經變差了，尤其是年紀越大的人，越不可挑戰身體的極限，否則當身體出現異常症狀，可就後悔莫及了。

4月 APRIL	
事業	★★★★★
財運	★★★★
愛情	★★★★★
功名	★★★★
健康	★★★★
鴻運日	8、20

受到各方支持，令成功來得不費吹灰之力，重要的事都有人幫你打點好，只要順勢而為，自然就有好成績，讓別人既羨慕又忌妒。同時間，也引來過多關注，言行舉止若不得體，恐會被人無限放大，莫名成為八卦的主角。

想要獲得大家的認同，除了要盡好本分，還要跟所有人打好關係，不可因為對方只是小咖就愛理不理，小心得罪他背後的靠山，毀了自己的前途，應以親切友善的態度待人處事，才能夠讓人信服，讓喜歡你的人更喜歡你，討厭你的人也會漸漸對你改觀。

在投資理財方面，可以多聽聽別人的意見，不管是理財專家或業餘投資人的見解，都有值得學習的地方，只要融會貫通，必定能找到適合自己的賺錢方式，穩穩地獲利。

5月	事業 ★★★ 財運 ★★ 愛情 ★★ 功名 ★★ 健康 ★★
MAY	鴻運日 4、16

雖然處於高位，卻感到危機四伏，生活處處充滿挑戰，若是不逼迫自己成長，到手的一切可能不保，不可不慎。這段時間會比較辛苦，需要多費些心思，才能穩住大局。

對上班族來說，這是展現自己的好機會，請做好心理準備，分派下來的任務並不輕鬆，也不一定有人可以支援，全部都要靠自己來完成，勢必會承受很大的精神壓力，不過如能夠成功地撐過去，將能為日後升遷增加籌碼。此外，這也代表你是主管眼中的可造之材，才會將艱難的任務交派給你，不要辜負對方的期待喔！

財運不太理想，恐有破財危機，而且錢付出去就討不回來了，要努力守財，當別人慫恿你買所謂的高報酬投資商品，或是令人難以拒絕的人情保單時，都要聰明地婉拒對方，才不會加重自己的經濟負擔。

6月	事業 ★★★★ 財運 ★★★ 愛情 ★★★★ 功名 ★★★ 健康 ★★★
JUNE	鴻運日 9、11

生活有了新的轉變，你開始發展不同的興趣愛好，對於以往不曾接觸過的事務特別感興趣，也會抽出時間來參與相關活動，結識到不少興趣相投的朋友，日子過得相當充實愉悅。

戀愛機緣也增多了，在人多的場合裡，你很善於炒熱氣氛，常用幽默詼諧的話題吸引大家的目光，讓交流過程充滿了歡聲笑語，也快速跟大家拉近距離。而參加這些活動，不僅會讓能見度變高，也有機會接收到異性的示好，想要找到好對象並不難，請把握良機。

工作上有至外地出差的機會，或是和朋友之間來場說走就走的旅行，可藉此稍微放鬆身心，享受一下高級的食宿待遇，也可和不同文化的人互相交流，留下難忘的珍貴回憶。不過如果去的地點比較偏僻，建議隨身攜帶感冒藥、止痛藥，以備不時之需。

7月	事業 ★
	財運 ★★
	愛情 ★★
	功名 ★★
	健康 ★
JULY	鴻運日 6

面對即將襲來的危機，不由自主開始焦慮起來，做事無法專注，也無法安心入睡，不僅影響到工作效率，也讓生活品質大打折扣。種種考驗在短期內還不會結束，不必先自亂陣腳，否則很難熬過去。

為了要穩住現況，情緒的控管變得很重要，當別人善意提醒時，別不領情，甚至覺得對方在故意挑刺，就用言語去頂撞對方，這樣不僅會影響到自己的風評，也讓自己錯失改進的機會，得不償失。雖然忠言逆耳，但是冷靜下來想想，其實對方說的不無道理，有缺失的地方努力改正，才能避免犯下嚴重的錯誤。

此外，太過心急也可能造成心理壓力，導致有失眠、情緒異常、內分泌失調等症狀，除了做些喜歡的事來轉移注意力外，也可找信任的朋友吐吐苦水，讓壞心情一掃而空。

8月	事業 ★★★★
	財運 ★★★★
	愛情 ★★★
	功名 ★★★
	健康 ★★★
AUGUST	鴻運日 12、24

凶星的力量逐漸減弱，很多事情紛紛出現轉機，好機會也再次降臨，讓你重新找回了自信，對未來也變得更有衝勁，不會存有太多的顧慮，離成功之路越來越靠近。

想要證明自己，就要努力達到自己設定的目標，如從事業務工作的猴朋友，可以發揮你的社交魅力，像是多準備幾個笑話來提升氣氛，會讓客戶對你卸下心防，自然能順利得到客戶的肯定，有利於後續的銷售。學生們也可趁著這段時間去打工，透過體驗工作，向各行業的前輩們學習，既可增加自己的實戰經驗，又可賺到零用錢，一舉兩得。

若行有餘力，不妨約三五好友出門走走，到社區附近的公園打球，或是去運動中心游泳消暑一下，不僅能讓你的身體變得更強壯，心情也會更愉悅。

9月

SEPTEMBER

事業★★★
財運★★
愛情★★
功名★★
健康★★
鴻運日 5、17

10月

OCTOBER

事業★★★
財運★★★
愛情★★★
功名★★
健康★★★
鴻運日 11、24

　　運勢稍稍轉弱，有些事情看似簡單，實際上卻不是如此，其中隱藏的問題必須及時修正，否則出了問題難辭其咎，加上最近家中煩心事多，需要多花一些心力，才能兩者兼顧。

　　雖然忙到有點分身乏術，但你仍舊抱持著積極的態度去面對生活，不會因為任務艱難就擱置在一旁，反而更努力去改善問題，讓事情更為順利。過程中也許要委屈自己，適時地做出一些讓步，像是降低佣金比例，或者犧牲休假時間，雖然心裡難免會感到不平衡，但是這些妥協最終都能夠換來好的結果。

　　還沒有對象的猴朋友，內心常感到孤單，渴望著有人可以陪伴自己，難過的時候可以給予安慰。建議休假時多出門走走，不要整天悶在家裡，才能增加認識異性的機會，加速開展新戀情。

　　受過去經驗的影響，這陣子做事情不夠果斷，總是會不自覺地多想一點，希望把事情一次做到位，這其實有好也有壞，有些事情不能等，一拖可能就錯失良機。但還好身旁有貴人幫忙出主意，讓猴朋友能夠及時做出正確判斷。

　　除了工作上有人幫忙推一把，讓進度不至於卡關太久，就算出了小差錯，也能快速補救，不會造成太大的影響。另外，在處理合約時，也不要貿然地做決定，一定要找專業的律師或法律顧問給予意見，才能維護好自己的權益，避免日後出現糾紛，甚至需要上法庭、打官司。

　　愛情路上有智囊團相助，當你不知道如何追求心儀對象時，身邊的好友主動提供各種好點子，讓你在對方面前顯得更有魅力，也因為有了他們的幫助，使求愛之路更為順遂。

<table>
<tr><td rowspan="2">11
月
NOVEMBER</td><td>事業 ★★★★</td></tr>
</table>

11月 NOVEMBER	事業 ★★★★ 財運 ★★★★ 愛情 ★★★★ 功名 ★★★★★ 健康 ★★★ 鴻運日 8、20

12月 DECEMBER	事業 ★★★ 財運 ★★ 愛情 ★★★★★ 功名 ★★★ 健康 ★★★ 鴻運日 12、24

這個月的事業表現非常出色，猴朋友充分發揮機智幽默，贏得好人緣，在各種聚會中成為焦點人物，只要有你在的地方，氣氛自然輕鬆熱絡。將這優勢發揮在工作上，更是無往不利，客戶樂於採買你推銷的商品，而且還替你介紹客人，讓你的業績更加攀升。

猴朋友的工作能力也備受老闆肯定，願意提拔你做公司的決策高層，希望你能帶領公司創下更多佳績。然而，同時間你的身邊也出現不少眼紅的人，行事還是要多注意，且不要鋒芒畢露，以免招惹到小人，在你的背後放冷箭。

感情運勢也跟事業一樣興旺，單身的猴朋友，身邊出現許多喜歡你的對象。有伴的猴朋友則跟另一半關係甜蜜，常心有靈犀一點通，溝通上毫無障礙，讓彼此成為最佳的生活伴侶。

最近的猴朋友要多注意健康問題，有些長期累積下來的毛病，需要好好地就醫診治，以免發展成更嚴重的疾病。經常出席各種大小應酬的你，尤其不要飲酒過度，更要提防三高的問題，維持良好的飲食習慣，並且適時地運動，才是保健強身之道。

而在財運上，這陣子則要避免別太過浪費，以免陷入財務危機。另外，在投資理財上也要以保守為宜，不要抱著豪賭一把的心態，很容易讓你蒙受虧損。再者，如果此時有人跟你借貸周轉，更是要好好衡量一番，借出去的錢在短期內是取不回來的。若有人提議合資創業也是一樣，不要抱著過度樂觀的想法，到時候因意見不合而拆夥，還會面臨金錢糾紛，不僅友情破滅，財務上還可能面臨一筆損失。

雞

轉危為安年

吉星｜天解、解神、三臺、華蓋、三合
凶星｜黃旛、血刃、五鬼、官符、浮沉

屬雞的朋友們今年有三合貴人的助力，加上還有「解神」、「天解」吉星入駐，讓你能夠化險為夷，渡過難關。雞朋友有時候會仗義執言，但也容易因此跟人有口舌之爭，今年不管在職場還是交友方面，依然在人際關係出現很多問題，但在緊要關頭時，雞朋友總能靈光乍現，以智慧化解危機，不讓誤會變得更大。

事業好運指數 ★★★

今年屬雞的朋友在工作上容易受人矚目，總是有源源不絕的靈感，展現在你想推行的專案中，老闆也非常賞識你的才華，願意給予你發展的空間，讓雞朋友有種備受肯定的感覺。不過，同時間要注意某些眼紅你的同事，可能會在合作的過程中刻意刁難或拖延進度，但雞朋友千萬別因此心浮氣躁甚至動怒，並且要展現氣度來化解歧見，事情最終能圓滿進行。

財運好運指數 ★★★

雞朋友在新的一年裡，進財相當順遂，除了正職工作的收入外，在投資股票或基金上，也可以擁有不錯的獲利。不過，今年雞朋友在與人合資做生意時，需要保守一點，有可能最初進展順利，但之後股東間卻會意見不合，甚至對簿公堂。另外，今年也最好避免借錢給他人，雖然最後可以順利取回，但過程可能一波多折，讓你耗費心神，建議仍是謹慎為宜。

愛情好運指數 ★★★★

今年的感情運勢頗為順遂，單身的雞朋友，更是有望透過旁人牽線，或參加社團活動時結識到新對象，且對方可說是與你一拍即合，擁有相同的嗜好及興趣。至於愛情長跑多年的雞朋友，可以趁今年考慮跟另一半共組家庭；而已婚的雞朋友能感受到與另一半心靈相通的默契，彼此價值觀相近，生活態度也一致，是旁人眼中稱羨的神仙伴侶。

功名好運指數 ★★★★

需要在今年參與考試的雞朋友擁有極佳的考運，只要肯扎實地念書，花時間徹底複習，就有機會考取高分。尤其是你準備的內容跟出題方向頗為一致，因而能獲得好成績。另外，希望得到升遷機會的雞朋友，很有可能心想事成，老闆對你的工作能力非常肯定，願意讓你出任要職，肩負更多的重責大任，想求表現的雞朋友一定要把握機會，盡情展現自己的才能。

健康好運指數 ★★★

今年的雞朋友在健康上要格外注意，可能因為凡事求好心切而導致精神過於緊張，影響到睡眠的品質，晚上常翻來覆去地睡不好，出現頭痛、眩暈或腸躁症等問題，如果不面對及調整自己的健康狀態，很容易在季節轉換的時候感冒受風寒。除了提醒自己放鬆外，也建議要規律地運動，透過輕慢跑、健走或瑜伽來舒緩緊張的情緒，強健體魄，讓身心更協調。

化煞小提點

「五鬼」星的出現，代表要注意小人在背地裡帶來的傷害，尤其可能會造成劫財、破財的危機，帶來負面的影響。雖然雞朋友在今年頗有轉危為安的好運，但為避免行事上出現太多麻煩，凡事還是謹言慎行比較好。另外，也可以佩戴貔貅手鍊，或者擺放聚寶盆，興旺財運，避免錢財損失。

雞

農曆
流月運勢

1月 JANUARY	事業 ★★★★ 財運 ★★★ 愛情 ★★★ 功名 ★★★ 健康 ★★ 鴻運日 2、14

良好的貴人運勢帶來了豐富的資源，容易獲得好成果，讓新的一年開市大吉。求好心切的態度容易得到貴人賞識，對你讚賞有加，也願意跟你展開合作契機，讓事業更上層樓。另外，主管這陣子也對你信賴有加，將大案子交給你處理，令你很有成就感。

財務管理上，除了正職收入有不錯的表現，投資、副業也進行得相當順利。而在投資上，要注意別一下子投入太多金錢，要謹慎地評估再出手，以免轉盈為虧，若能多跟專業理財人士請益，有助於更精準地做好財務控管。

受凶星影響，頭痛心悸等老毛病發作得較頻繁，甚至誘發其他身體問題，除了要多休息、多放鬆之外，你也可以趁貴人運佳的此時，透過朋友找到能為

你找出病灶的良醫，根除宿疾。

2月 FEBRUARY	事業 ★ 財運 ★ 愛情 ★★ 功名 ★★ 健康 ★★ 鴻運日 26

凶星纏身導致諸事不順，還有很多零碎的事情要反覆檢視跟處理，這對欠缺耐心的雞朋友來說是比較棘手的任務，建議不要操之過急，換個心情來面對，讓自己更平靜。

事業上尤其要注意，因為瑣碎的事務較多，容易讓你弄不清輕重緩急而影響決策、判斷錯誤，導致成果不如意，甚至失敗而賠錢。因此，在拍板定案之前，應檢視各種試算並分析，以求找到最好的答案，不可倉促決定，也要多聽聽夥伴們的意見，切勿固執己見。

金錢方面則有難以聚財的困擾，雖然有心節流，但意外的開銷卻接連增加，讓錢省不下來。而在購物上也不太幸運，容易因一時衝動而砸錢買下昂貴卻不實用的物品，建議要審慎評估自己的需求，克制購物慾望，才能守得住財。

3	月	事業 ★★★★★ 財運 ★★★★ 愛情 ★★★★★ 功名 ★★★★★ 健康 ★★★★
MARCH		鴻運日 3、27

本月的好運對擅長交際的雞朋友來說，是一個成功的開端，只要耐心做好一件事，並且不吝於分享訣竅，便能吸引貴人的青睞，獲得更多資源與機會，擴展更多的人脈，對未來幫助甚大。

社交生活熱絡，在與朋友們互助交流的過程中，得以發掘對方新的優點，並從不同的角度重新認識老朋友，讓友誼更穩固。

而在感情生活上，也正逢桃花運旺的時期，單身者可別錯過心儀的對象，要適時地向對方釋放好感。有伴者則能讓彼此的相處更加甜蜜，可以相約一塊去爬山，或者一起運動，一起擁有健康的人生。

課業、進修方面也有優秀成果，如果願意和同學們分享自己的讀書心得，更能教學相長，獲得更多的體會，也再度強化自己的學習成果。

4	月	事業 ★★★ 財運 ★★★ 愛情 ★★★★ 功名 ★★ 健康 ★★★
APRIL		鴻運日 9、21

生活中出現一些令人措手不及的變數，計畫往往趕不上變化，得要仰賴平常累積的實力來應對，如果沒有備案，就要懂得運用手邊資源，來解決燃眉之急。

近期在工作上可能會面臨突發危機，建議要向同事請求支援，才能夠順利止血並讓事件平安落幕，也能從中培養出革命情誼，使同事間關係更加緊密；而參與考試的考生，則可能會遇上如考場的器材發生故障的情形，事後申訴的效果也很有限，恐怕會大幅影響考試成績。

近期的好人緣讓雞朋友倍感溫暖，各種人際互動都有滿滿的正能量。在情感關係上，有伴者能維持濃情蜜意的狀態，單身者則更顯自信外放，加上天生的社交特質，魅力渾然天成，能吸引到優質的對象並進一步展開交往。

<table>
<tr><td rowspan="2">5_月
MAY</td><td>事業 ★★★★</td></tr>
</table>

5月 MAY
事業 ★★★★
財運 ★★★★
愛情 ★★★★★
功名 ★★★★
健康 ★★★★
鴻運日 4、16、17

6月 JUNE
事業 ★★★★
財運 ★★★
愛情 ★★
功名 ★★★
健康 ★★
鴻運日 15、27

最近可以感受到身邊有許多助力，讓種種事務都事半功倍，偶發的難題也能快速解決，多出來的時間還能好好陪伴家人，並獲得休憩的機會，可以徹底沉澱一下。

此外，生活上還有諸多小幸運，朋友、親戚好像會讀心術一樣，例如想購買家具、家電或是物色新的投資標的，就會有人帶來相關的消息。也或許恰好遇到某間店要出清，收購到便宜又好用的物品。

近期的雞朋友可能變得很熱情，想與低潮中的朋友談心，或者為生日的朋友準備禮物、開派對等，但熱絡的人際互動，也讓說錯話的機會大增，一定要避免口直心快，不小心講到別人的缺點而讓人面子掛不住，也要避免過度批評旁人，或者一直碎碎念，這些都可能讓對方對你的印象扣分。

運勢受月令生旺，做任何決定時，都會獲得身邊的朋友支持，或者提出更棒的想法，幫助你的提案更完整，讓你感覺所向披靡，樂於接受種種挑戰，展現出旺盛的拚勁。

吉星入宮讓事業運勢一片看好，各類工作都能一帆風順，並構思出活潑、新奇的企畫案，不但令上司耳目一新，還能因此獲得主導權，完成精心策畫的專案。

從事行政工作的雞朋友也有不錯的表現，除了工作細節鮮少出錯外，還能適時地提供更多支援給主管，讓主管對你萬分信賴。

感情方面則有較複雜的狀況發生，尤其對女性的雞朋友更不利，有伴者可能會發現另一半的心不在自己的身上，想跟對方敞開心胸溝通，卻又因時機不對，而無法好好對話，導致彼此漸行漸遠。

7月	事業 ★★★★
JULY	財運 ★★★
	愛情 ★★★
	功名 ★★★
	健康 ★★
	鴻運日 5、29

生活中可能出現如搬家、調派外地之類的改變，必須趕快整理好私人物品，或者跟同事交接好工作，過程有些混亂，讓你的心情難免感到煩躁，但要耐住性子妥善面對，等到一切塵埃落定，美好的新生活也會隨之而來。

身邊的人事物也有所變化，需要多一點時間熟悉。工作上調派外地的雞朋友，一開始可能會跑錯地點或搭錯車。而求職者則可能在預料之外的地點找到新工作，或許離家較遠不太方便，但該職位有不錯的發展性，對未來發展頗有助益。

這陣子的忙碌會讓你的健康有些受到影響，可能會忙到無暇按時用餐，或者操勞到晚上過度亢奮，無法好好入睡，一旦感冒了就要花比較長的時間恢復。精神緊繃的雞朋友，可適時塗抹精油，獲得舒緩的感受。

8月	事業 ★★
AUGUST	財運 ★★★
	愛情 ★★
	功名 ★★
	健康 ★
	鴻運日 23

整體運勢被虛弱的健康狀況拖累，明明是胸有成竹的事情，執行起來卻心有餘而力不足，拿不出好表現。

感情上也缺乏好運，有伴者常常「漏接」另一半拋出的種種訊息，讓對方心生不悅而跟你起爭執，而各類雞毛蒜皮的小事情都可能成為吵架、翻舊帳的導火線，如果互不相讓，感情勢必產生裂痕，或讓關係降到冰點。單身的雞朋友雖然渴望愛情的撫慰，但是在聚餐、聯誼等各種場合，卻沒機會遇上令你怦然心動的對象，想要擁抱新戀情，還得再等上一陣子。

原本勝券在握的升遷機會，卻因職場上出現競爭者而充滿變數，讓雞朋友的焦慮感大增，建議別自亂陣腳，或者在人前批評跟你競爭的同事，把焦點放在做好分內的事，才是鞏固地位的上策。

9月	事業 ★★★★
SEPTEMBER	財運 ★★★★
	愛情 ★★★★
	功名 ★★
	健康 ★★★★
	鴻運日 11、23

本月不但受月令生旺，更有吉星入宮，生活中充滿好運，也充滿活力與衝勁，各種難題都如反掌折枝一般，只要有心就能成功！

感情方面尤其有利主動出擊的人，如果遇到了心儀的對象，只要你流露好感，必有機會贏得對方的心。而在交友方面，可以多多參加各種聚會，結識來自各方不同的人脈，有利於未來在拓展事業時，獲得更多的助力，另外，在職場上，也要主動地關懷同事，拉近彼此的距離，幫助你在團隊中更有影響力，工作狀況也會更順遂。

仍在就學的雞朋友，則要將衝勁發揮在正確的地方，才能達到學習的成效。但假使變得過於躁動，反而無法專心上課，或者要注意別沉溺於打電動、玩競技遊戲中，影響到課業成績就不好了。

10月	事業 ★★★★
OCTOBER	財運 ★★★
	愛情 ★★
	功名 ★★★
	健康 ★★★★
	鴻運日 24

近期的雞朋友忙得不亦樂乎，可能臨時被指派到外地去拜訪大客戶，或者代表公司出差，跟遠地的合作廠商洽談專案。另外，也有些雞朋友面對工作量暴增，且被指派處理過往不熟悉的業務，讓雞朋友頓時上緊發條，每天都過得如作戰一般，還好近期的貴人運不錯，雖然面對許多突發狀況，卻總能化險為夷，度過難關。

相較於事業上的順利，家庭生活卻過得並不平順。這陣子雞朋友很容易心浮氣躁，為一點小事就責怪另一半，或者因為聚少離多，增添許多信賴危機，對方一旦對你疑神疑鬼，就容易惹得你生氣，大吵一架，這樣的惡性循環對感情造成莫大傷害，建議要先克制住自己的脾氣，讓對方理解你的壓力，並多一點耐心好好溝通，感情才能維繫下去。

<table>
<tr><td>11_月
NOVEMBER</td><td>事業 ★★
財運 ★★★★
愛情 ★★★★★
功名 ★★★
健康 ★★★★
鴻運日 7、19</td></tr>
</table>

這陣子雞朋友很容易因為粗心大意而出錯，凡事求快的結果，就是容易疏忽細節，萬一被主管發現，就會被記上一筆，對你的工作成效大為扣分。另外，雞朋友還要提防同事在你背後說三道四，不管是你跟客戶間的關係，還是跟其他的同事互動，都成為八卦話柄。此時的雞朋友千萬不要輕易動氣，要以智慧去化解危機，以嚴正且和緩的態度去證明自己的實力及清白，會讓旁人更佩服你的高情商。

感情上逢喜事，單身者有望贏得暗戀已久的對象的好感，慢慢地拉近彼此距離，逐漸墜入愛河中。長跑多年的雞朋友，則是時候給彼此更深的承諾，走向紅毯的另一端。已婚者近期有機會為家中增添新成員，迎接新生兒的喜悅，讓夫妻感情也更融洽。

<table>
<tr><td>12_月
DECEMBER</td><td>事業 ★★★★
財運 ★★★
愛情 ★★★
功名 ★★★★
健康 ★★
鴻運日 1、14</td></tr>
</table>

獲得貴人相助的雞朋友，近期充滿萬夫莫敵的氣勢，每一個專案洽談都相當成功，一邊贏得客戶的信賴，一邊讓老闆對你的能力加倍肯定。就算職場上有小人想插刀，都奈你莫何，反而只能摸摸鼻子閃開，承認你的工作實力。

從事業務工作的雞朋友，最近更是有一張「金」口，只要你能徹底發揮能言善道的優點，就能說服客戶買單，讓業績不斷上升，荷包滿滿。同時間，主管還可能因為你的優異表現，給你加薪的機會。

在健康運上，這個月是偏弱的時候，除了要擔心感冒外，還要提防血光之災，凡是使用刀叉、剪刀的時候，都要格外地小心，不要被利器所傷。另外，開車的雞朋友尤其要謹記跟前車保持一定的距離，且不要違反交通規則，以免不小心發生擦撞。

狗

養生護體年

吉星｜太陰

凶星｜勾絞、卒暴、天殺、年殺（偏沖）

個性直率的狗朋友，今年要多注意身體上的變化，尤其不要為了拼命工作，而忽略健康。狗朋友在今年很容易罹患各種大小疾病，也可能因為積勞成疾而引發慢性病，要將養生、健身放入自己的日常計畫中。至於事業及財富運，可藉由女性貴人的照顧，而獲得更好的進展。

事業好運指數 ★★★

在「太陰」星加持下，除了女性貴人運佳外，也有利於美妝業、醫美業、服飾業等跟女性相關行業的發展，只要環繞在女性喜愛的話題上多做宣傳，就可獲得優異的佳績。另外，職場上也出現不少競爭者，喜歡與你較勁、比人氣，口直心快的狗朋友，切記不要逞一時口舌之快，應以智慧化解危機，及以業績來證明自己的實力。而主管級的狗朋友，則要注意團隊成員失和的問題，考驗著你的領導能力。

財運好運指數 ★★★

今年對想累積財富的狗朋友來說，是相當值得把握的一年。名利雙收帶來的富貴，會讓你瞬間享有財富湧進的滿足感；然而，錢賺得多，也要守得住，狗朋友在今年的生活開銷絕不會少，且還要面對很多突然損壞的物件需要修繕，或違規行車被開罰單等意外破財，因此一定要妥善做好財務規畫，在金錢的運用上做好分配，才能夠達到儲蓄目標並累積財富。

愛情好運指數 ★★

想要認識新對象的單身朋友，今年可能需要多靠貴人幫助，才能開啟美好的緣分，靠自己透過網路找對象，很可能最後都尋覓無果。而已有另一半的狗朋友，要特別注意跟對方起口角之爭，或者價值觀不同而漸行漸遠，這時候特別需要控制急躁的脾氣，以免讓爭執越演越烈，建議可以尋找女性長輩從中調停，有助於增進你們的關係。

功名好運指數 ★★★

渴望追求功成名就的狗朋友，今年在求取功名的路上沒那麼順遂，或許你覺得自己已經做好準備，卻總是時機不對，無法展現實力。或者原本信心滿滿地，主動跟上司爭取升遷的機會，沒想到人事令卻無故被暫緩。仍是學子的狗朋友，在應考時也容易狀況不斷，不是考前突然生病，就是進考場發現少帶了文具，建議要以冷靜的態度來應對各種狀況，才不致慌了手腳。

健康好運指數 ★★

身體健康是今年的大課題，狗朋友如果一味任意吃喝，不做飲食控管，且疏忽運動，就有可能嚐到苦果，在今年大病一場。另外，有些狗朋友做事會衝過頭，如熬夜趕案子，或者忙到忘記吃飯，這些都會對健康造成負面影響，積勞成疾、造成各種疾病。今年的狗朋友還容易有精神過度緊張的問題，適時地放鬆、泡澡、靜坐，都是幫助紓壓的好方式。

化煞小提點

「卒暴」星入駐，運勢容易大起大落，且身體健康狀況也較差，容易有一種身心俱疲的感覺。此時最好要安定心神，藉由靜坐可以放下過多的思慮，並可以點酥油燈來轉化周遭氣場。也可請供地母寶瓶，化解家中風水的沖煞，或者佩戴紅繩，為自己招來好運。

狗

農曆
流月運勢

1月 JANUARY

事業 ★★
財運 ★★★
愛情 ★★★
功名 ★★★
健康 ★★★
鴻運日 1、27

近期對狗朋友而言可說是一個多事之秋，喜歡仗義執言的你，為了替同事爭取權益而出面跟主管斡旋，但無形間卻也得罪公司內部不同派系的人，對方以各種方式想要打壓你，在背後小動作頻頻，但狗朋友自認問心無愧，並不懼怕他人的中傷，反而更加為自己發聲，希望能獲得主管對你的公平對待。除了人際關係上的低潮外，這陣子狗朋友還得忙於各種不同的合作案，或者應付不同類型的客戶，忙得不可開交，不過你很能調適自己的心態，勇於面對各類型的挑戰。

情感關係上，跟另一半頗能心靈溝通，雖因忙於事業而減少相處的時間，但對方很能體恤你的辛勞，不會對你抱怨，有了穩定的感情關係做後盾，讓狗

朋友有了更多面對工作壓力的能量。

2月 FEBRUARY

事業 ★★★★
財運 ★★
愛情 ★★★★
功名 ★★★★
健康 ★★
鴻運日 10、20

感情運勢佳，加上這個月是桃花月，單身的狗朋友絕對不寂寞，只要有機會參加聚餐或團體活動，就會吸引許多優質的追求者，陸續對你釋放好感，讓狗朋友一時半刻不知道要選擇誰，但如果確定某一位成為交往對象後，必須表態清楚，以免影響到初萌芽的戀情跟其他追求者。

已婚者近來也非常享受婚姻生活，你的另一半不只是親密伴侶，同時也是生活上的戰友，甚至能在工作上大力協助你，幫助你的事業發展更穩定。

健康上要注意各類的病痛反應，狗朋友有時候會過於樂天，疏忽身體傳來的警訊，如果小病沒有治療好，日後導致其他更嚴重的病就不好了。有機會要去做健康檢查，切實地瞭解自己的身體狀況。

3月 MARCH	事業 ★★ 財運 ★ 愛情 ★★ 功名 ★★ 健康 ★ 鴻運日 **26**

近期可能會遭遇各種大小變化，原本穩定的工作因公司內的營運狀況變化，讓狗朋友有些憂心會被裁員，建議不要過度擔憂，只要腳踏實地繼續完成眼前的事務，並適時地跟主管展現自己的長處，自然會得到賞識，就算真的有人事異動，你也能夠保住飯碗。

同時間，要小心不要在職場上跟人起爭執，心直口快的狗朋友，有時候會因嚥不下一口氣，而跟同僚起衝突。由於狗朋友近來少了貴人運相助，因此格外要謹言慎行，也不要太在意別人的無禮態度，把焦點放在自己身上，有助於避免掉一些是非糾紛。

財運不佳，想要靠投資獲利的狗朋友可能會大失所望，切勿衝動進場，先把錢財存起來，日後碰到更佳的時機，再挹注資金。

4月 APRIL	事業 ★★★★★ 財運 ★★★★ 愛情 ★★★★★ 功名 ★★★★★ 健康 ★★★★ 鴻運日 **8、11、20**

在大環境動盪當中，狗朋友幸運地穩住眼前的事業，並且闖出一番佳績。近期對你來說相當幸運，在工作上得以排除萬難，讓一些專案能順利運轉，並且得到外面的合作資源，讓業績再度拉升。

主管對你的表現讚譽有加，雖然公司內部仍存在一些人事問題，不喜歡你的同事大有人在，但都無損於你被拔擢升官的機運，在職場上獲得更大的地位，也將擁有更傑出的菁英團隊，一起陪同你打拚。

感情上更是甜蜜到一切盡在不言中，讓你常有種彼此相互扶持依偎的感動，還未結婚的狗朋友，這時很適合與對方計畫步入禮堂，共築未來。單身的狗朋友能夠尋覓到對你真誠又浪漫的對象，讓你忍不住常對周遭的親友放閃，享受幸福的戀情。

5 月	事業 ★★★★
MAY	財運 ★★★
	愛情 ★★★★
	功名 ★★★★
	健康 ★★★
	鴻運日 17、26

近期將心思全力放在事業上的狗朋友，可說是萬夫莫敵，創意源源不絕，且備受客戶及主管的肯定。從事銷售工作的狗朋友，更是業績響噹噹，成為公司內部的風雲人物，主管還拿你當典範，希望其他的同事多跟你學習，正因如此，要格外注意別太出風頭，以免遭人眼紅嫉妒，惹來更多是非。

在財務處理上，雖有機會找到不錯的投資標的，但不需期望過高，有可能發現它其實獲利不如預期，切勿一下子把錢挹注過度，還是保守為宜。另外，在生活開銷上也要謹守開源節流的原則，以免財進財出，賺的錢一下又花光光，在消費之前要先謹慎評估，不要老是被外表亮眼卻不實用的商品吸引，必須要克制過多的購物慾，才能夠完善地做好儲蓄。

6 月	事業 ★★★
JUNE	財運 ★★★★
	愛情 ★★★★
	功名 ★★★★
	健康 ★★★
	鴻運日 11、21

這陣子會發現自己很有長輩緣，在有力的長輩協助下，事業上的瓶頸順利獲得解套。比方說做業務的狗朋友，會得到一些銷售技巧的傳授，讓原本停滯不前的業績，得以抬升。或是做設計的狗朋友，接下自己不擅長發揮的專案，但也同樣擁有貴人好運，在經人指點之後，發揮獨特的創意，並且順利獲得客戶的賞識。

人際互動上的好運也發揮在修復關係上頭；曾因直言得罪朋友的你，最近獲得對方的諒解，也讓你鬆了一口氣，終於不再為友情破裂而煩惱。

感情上也有佳音：原本跟另一半冷戰的狗朋友，在親友的協調下，跟對方誤會冰釋，重新恢復緊密的伴侶關係。單身的朋友更是有可能在朋友的介紹下，認識令你怦然心動的對象，順利擁抱一段美妙的戀情。

<table>
<tr><td rowspan="2">**7**
月
<small>JULY</small></td><td>事業 ★★★</td></tr>
<tr><td>財運 ★★
愛情 ★★
功名 ★★★
健康 ★★
鴻運日 6、16</td></tr>
</table>

<table>
<tr><td rowspan="2">**8**
月
<small>AUGUST</small></td><td>事業 ★★★</td></tr>
<tr><td>財運 ★★★
愛情 ★★★
功名 ★★
健康 ★★
鴻運日 24</td></tr>
</table>

7月

近期的狗朋友會覺得諸事操煩，必須到處奔波解決各種狀況，偏偏許多突發的狀況都不是因你而起，卻又必須由你去收拾殘局，讓忙得不可開交的你抱怨連連，火氣也更大了一些。如果不好好控制情緒，就會把脾氣丟給不該承受的對象，比方跟主管吵架，或與跟你要好的同事起口角。建議狗朋友一定要讓自己冷靜下來，以免解決不了問題，還製造更多麻煩。

除了自己要面對的難關外，這陣子也要特別留意家中長輩的健康，有可能在你的輕忽之下，沒注意到長輩的身體狀況正在惡化中，必須要趕緊陪同他（她）至醫院診治。此時不宜過度焦慮，慌亂的應對方式只會弄得大家都很緊張，如果你的表現平穩，就會讓長輩安心，妥善地接受治療。

8月

最近正面臨一些過往未嘗試經歷過的新際遇，比方說被外派到別的地方工作，或者轉換職位，承接跟以往大不相同的業務。喜歡冒險的狗朋友很樂於接受挑戰，認為這些新的變化可以讓自己有所成長，也樂於藉由這些新鮮事物，證明自己的能力。

雖然狗朋友對自己感到信心十足，但此時的你應格外注意因粗心引起的差錯，經手的文件要來回審閱幾次，另外，也要盡量避免心直口快而讓旁人感到不舒服，讓原本可能擁有的合作機會，因為你的無心話語而告吹。

近期還要注意身體的健康狀況，一旦發現感冒症狀就要趕快治療，千萬不要輕忽小病痛，萬一沒有處理好就糟糕了，及早面對並就診，可以盡快控制病情，避免小病拖到變大病。

<table>
<tr><td rowspan="6">9_月
SEPTEMBER</td><td>事業 ★</td></tr>
<tr><td>財運 ★★</td></tr>
<tr><td>愛情 ★</td></tr>
<tr><td>功名 ★★</td></tr>
<tr><td>健康 ★★</td></tr>
<tr><td>鴻運日 5</td></tr>
</table>

<table>
<tr><td rowspan="6">10_月
OCTOBER</td><td>事業 ★★★★</td></tr>
<tr><td>財運 ★★★★★</td></tr>
<tr><td>愛情 ★★★★</td></tr>
<tr><td>功名 ★★★★</td></tr>
<tr><td>健康 ★★★</td></tr>
<tr><td>鴻運日 10、11、23</td></tr>
</table>

這個月有許多突發的狀況，要打起精神面對，而且不能心浮氣躁，要看清楚問題的癥結所在，冷靜地處理跟面對。

現在可說是一個影響你事業大好或大壞的關鍵時刻，主管交派重要的任務給你，如果順利達到目標，將有升遷的機會，成為公司的決策高層，備受老闆重視。但相反地，假使你沒有穩當地處理好所有的細節，就可能引發後續的爭端，耗損老闆對你的信賴，甚至降調至其他職務，不可不慎。

由於心思都放在工作上，近期你的感情態度相對冷淡，可能跟另一半聚少離多，或在約會時心不在焉，這些表現都讓對方對你很失望，也讓彼此的關係漸行漸遠，假使狗朋友還想維繫感情，就不要那麼自我，適時地關懷對方，讓兩人的心更加緊密。

最近的你有種一吐鬱氣的感覺，先前壓抑的心情透過參加各式活動，獲得很好的抒解，加上公司為你的部門增派人手，讓原本人力吃緊的狀況有所改善，想推廣的業務也獲得很好的發展。

過去單打獨鬥的狗朋友，近期會找到契合的合作夥伴，只是一時間，你還不習慣配合別人的腳步行事，讓彼此有種處在磨合期的感覺。但只要經過這個階段，一切會漸入佳境，越來越有默契地朝向同一目標前進，並且能在短期內得到實質收穫，有機會更加拓展業務，讓事業藍圖更加擴大。

財運表現佳，除了正財收入外，還可以接外快，增加荷包收入。另外，在投資方面也有很好的斬獲，尤其利於出售房地產，可望遇到好買家，讓你獲得預期中的利潤。

11_月	事業 ★★★★

11月 NOVEMBER

事業 ★★★★
財運 ★★★
愛情 ★★★
功名 ★★★
健康 ★★
鴻運日 8、20

逢吉星相助，狗朋友在此時可以享受好運。原本卡關的案子，獲得貴人幫助而重生，且有機會遇到實力充沛的金主，投資你開創新事業，讓你一下子躍升為經營者，實踐自己的夢想。

鴻運當頭的你，身旁雖還是有些眼紅你的人，但狗朋友完全不在乎這些人的眼光，反而更激勵你要追求更好的表現，讓旁人刮目相看。另外，求職中的狗朋友近期有望尋覓到理想工作，不管是待遇還是職務內容，都趨近你的理想。

雖然在事業上如有神助，但生活上卻要提防發生意外的狀況。狗朋友得留心因一時大意而導致不小心絆倒跌跤等小災難，這陣子的你要謹慎一些，別讓自己受傷。出門在外更別顧著滑手機而不看路，要隨時注意交通安全。

12月 DECEMBER

事業 ★★
財運 ★★★
愛情 ★★★★
功名 ★★★
健康 ★★
鴻運日 12、23

因為沒有做好時間控管，讓手邊的案子嚴重延遲，主管也對你的印象大打折扣；同時間，團隊中出現人事異動，得力助手選擇離職，頓時讓狗朋友慌了手腳，急忙想追趕進度，卻又苦無良方。

生活中也出現一連串「屋漏偏逢連夜雨」的情況，例如有些該收回的款項還沒收到，卻又遇到車拋錨、或者大型家電壞掉的倒楣事，讓狗朋友覺得烏雲罩頂，恨不得拋下一切，來趟瀟灑的旅行兼放鬆一下。

相較於工作上的諸多不順，狗朋友最近的情感關係相當穩定，有交往多年對象的你，是時候可以考慮跟對方結婚並共築家庭；單身的狗朋友則有望脫單，透過交友網站或親友介紹，認識無論在價值觀還是生活態度都很相近的理想對象。

第 10 名

豬

謹慎自制年

吉星｜無

凶星｜喪門、大殺、飛廉、豹尾、地喪

生性勤勉努力的豬朋友，今年格外有種付出與所獲不成正比，心力交瘁的感受。主因在於意外狀況非常多，尤其家運欠佳，不管是長輩生病還是小孩出意外，對豬朋友來說都是一項打擊。而自己本身也要小心血光之災，無論是開車還是行走，都要謹慎留意，以防萬一。

事業好運指數 ★★

今年的豬朋友雖努力想在事業上求突破，但總是有種時不我與的感覺。譬如想要爭取升官機會，結果卻變成身旁的同事獲得升遷；或是努力向客戶提案競標，最後對方卻選擇跟別人合作，這種期待落空的感覺，令豬朋友感到很煎熬。建議若時機不對，便無需強求，可以轉換心思，努力充實自己的能力，等待更好的機會降臨時，就能一展長才。

財運好運指數 ★★

在這一年中，豬朋友的理財方式一定要謹記保守為上，不要過度樂觀，投入太多的資金想炒短線，結果可能會蝕本。另外，豬朋友在今年會面臨很多的突發狀況，比方說突如其來的一筆醫藥費，或者出門在外不小心跟別的車子擦撞而導致得額外給付的修車費，如果沒有做好財務規畫，就可能發生左支右絀的狀況，能在生活上多準備一些應變用的預備金，將有利於渡過難關。

愛情好運指數 ★★★

相較於事業、財運等諸多不順，豬朋友今年在情感運勢上稍佳，有了另一半的貼心關懷，讓豬朋友不再覺得總是孤軍奮戰，內心倍感溫暖，跟對方的關係自然也越發緊密。單身的豬朋友則有望在朋友聚會中，遇到讓你一見鍾情的對象，只要適時展現你認真努力的一面，對方會對你的處事態度感到敬佩，從而滋生好感，順利開展新戀情。

功名好運指數 ★★

近期想要追求功名的豬朋友，不要存有太大的得失心，除了周遭的競爭者眾多之外，也可能會出現功虧一簣的情形，也就是以為就要更上一層樓，沒想到最後卻不得所願。需要參加考試的豬朋友，更是要做足準備，因為考運並非那麼順遂，事前準備得越齊全，拿下高分的機會更大，光想靠考前猜題過關是徒勞無功的，你會發現試卷上的題目都很陌生，令你扼腕不已。

健康好運指數 ★★

今年的健康運偏弱，在飲食上記得要忌口，不要以紓壓為由放任自己大吃大喝，小心適得其反，反讓膽固醇升高；更不可以飲酒過量，除了傷肝外，酒駕更不可取，今年的豬朋友要注意容易飛來橫禍，一定要懂得各方面自制，才能安然渡過這一年。另外，豬朋友也要隨時注意天氣狀況，否則很容易感冒上身，為小病不斷感到困擾不已。

化煞小提點

「喪門」星入駐，因此要注意意外事件發生，家人的健康運偏弱，容易有煩惱跟悲傷的事情，心情也變得起伏不定，也要注意小人環伺的問題。此時可以多參加法會來淨化身心，另外也可以多做煙供，上供下布施，或可以點不同種類的環香，藉由香氣的擴散來改變運氣，祈願闔家平安。

豬

農曆
流月運勢

<table>
<tr><td rowspan="2">**1**月
JANUARY</td><td>事業 ★★★</td></tr>
<tr><td>財運 ★★★
愛情 ★★★★
功名 ★★★
健康 ★★★
鴻運日 4、16</td></tr>
</table>

這陣子豬朋友在工作上始終有種徘徊不去的孤獨感，不是因為融入不了職場的文化，就是覺得眼前這份行業並非自己最愛的，在做事時總是有點心不在焉，有種說不出的抑鬱感。

還好這股憂鬱不至於影響到工作進度，因近來貴人運頗佳，在重要關頭時總有人出手相助，讓整個事務進展更順利，建議豬朋友要適時轉念，換個角度看待自己選擇的工作，或是乾脆轉換職場，不要用壓抑情緒的方式過日子。

這陣子還要格外注重飲食，切記不要暴飲暴食，或者靠吃大魚大肉來療癒心情，這樣不只身材容易走樣，身體更可能吃出病來。如能夠適時地控制自己對食物的慾望，相對也能磨練到心智，讓自己更有紀律地面對生活，自信心也將跟著提高。

<table>
<tr><td rowspan="2">**2**月
FEBRUARY</td><td>事業 ★★★★</td></tr>
<tr><td>財運 ★★★★
愛情 ★★★
功名 ★★★★
健康 ★★★
鴻運日 12、19</td></tr>
</table>

最近事業運高漲，想換工作的豬朋友，可望轉換到符合自己志趣，待遇又優渥的環境，讓自己鬥志滿滿。而沒有更換工作的豬朋友，也能以不同的角度重新看待自己的職業，並從中尋找樂趣，或者在下班後參加一些職能進修班，讓自己增添更多實力，走出原本的低迷情緒，以正向的態度迎向新生活。

相較於在職場上有所突破，豬朋友這陣子的感情運卻欠佳，有心儀對象的單身者，可能因兩人的共同朋友從中亂傳話，導致對方對你的好感破滅；已婚者也有可能聽信別人的謠言，開始懷疑另一半的忠誠度，疑神疑鬼的態度讓對方心生不滿，導致口角不斷。建議豬朋友要以關懷代替質疑，語氣也不要總是咄咄逼人，平和地跟對方溝通，才是維繫感情之道。

3月 MARCH	事業 ★★★ 財運 ★★ 愛情 ★★★★ 功名 ★★★ 健康 ★★★ 鴻運日 **13、29**

近期最讓豬朋友有幸福感的，就是來自愛情的滋潤了。逢吉星入駐，這個月單身的豬朋友有望覓得有緣人，兩人心靈相通，順利展開一段新戀情。有穩定對象的豬朋友，現在則是結婚的好時機，可以跟對方進一步談到共組家庭的展望，並在浪漫的氛圍下求婚，成功機率極大。

至於已經是老夫老妻的伴侶，不用擔心兩人間的情感變得淡薄，你們的關係在近期會回溫，只要你適時地營造一些小情趣，比方說安排一頓燭光晚餐，或者趁孩子不在的時候，放點輕柔的音樂跟另一半浪漫擁舞，都是重返熱戀的好方式。

感情運勢佳的豬朋友，這陣子卻可能要煩惱財運的損耗，一些沒有好好保養的家電用品，接二連三地出問題，讓你不得不砸錢汰舊換新，令荷包失血不少。

4月 APRIL	事業 ★★ 財運 ★ 愛情 ★★ 功名 ★★ 健康 ★★ 鴻運日 **23**

這陣子從事業務方面工作的豬朋友，或許會碰到公司要求衝高業績的壓力，讓你忙著四處拜訪，到處推銷商品，然而偏偏此時逢凶星壓制，讓疲於衝刺的你有種付出跟收入不成正比的感慨。

至於其他從事企畫方面工作的豬朋友，則遇到提案老是被主管打槍的狀態，一改再改卻過不了關的窘況。想要請資深的前輩出手相助，對方卻忙得沒空幫你解決難題，讓你只能孤軍奮戰，備受煎熬。

想靠投資賺偏財的豬朋友，最近也要小心眼光失準的問題，不要貿然聽信小道消息，就砸錢進入投資市場，此時最好以保守方式理財，尤其要避免投機式的投資，以免錢被套牢。另外，這陣子如果有人想找你合股，也要審慎評估，萬一覺得不妥，千萬不要因為一時心軟就出資，以免得不償失。

5月	
MAY	事業 ★★★★★ 財運 ★★★★★ 愛情 ★★★★ 功名 ★★★★★ 健康 ★★★ 鴻運日 2、14、26

受困多時的情緒，在此時獲得排解，職場上有機會與新團隊合作，在眾人齊心協力之下，突破難關，順利在限期內交出企畫案，並獲得客戶的肯定。當業務員的豬朋友，在親友的牽線下有望遇到大貴人，大量收購你的商品，讓業績再創新高，贏得老闆的讚許。

本身就是企業家的豬朋友，這陣子能尋覓到合適的優質員工，成為公司的一線戰將，拉抬原本低迷的業務量，讓財富大增。另外，仍在就學或進修中的豬朋友，會發現自己的考運奇佳，不只猜題準確，且能應答如流，成功贏得好成績。

諸事順遂的豬朋友，可以趁此時去渡個假，讓身心歸零，徹底地放鬆；參加禪修班或者花藝班，體會慢活的樂趣，對不喜歡匆忙感的豬朋友，是極佳的休閒方式。

6月	
JUNE	事業 ★★ 財運 ★★ 愛情 ★ 功名 ★★ 健康 ★★ 鴻運日 20

這個月有些戲劇化的轉折，讓豬朋友有種從雲端跌落谷底的感受；原本平穩洽談中的專案，突然遇到對方踩煞車表示不想合作了，讓你措手不及，公司高層認為你要負全責，要求你盡快彌補，否則恐有掉飯碗之虞。

同時間，你還得面對家人間失和的狀況，兄弟姐妹間為了點小事吵翻天，僵持不下，卡在中間的你希望兩邊能緩和氣氛，卻化解不了彼此的怒氣，讓你煩惱不已。

種種的壓力也影響到自己的情感生活，跟另一半約會或用餐時，總是氣氛不佳，對方多問你幾句，你就像被踩到地雷般地發怒，讓他（她）更覺得你不可理喻，而你又認定對方應該是最瞭解你的人，認知上的差距讓彼此越吵越凶，還不如暫時拉開距離，冷靜下來後再好好溝通。

7月
JULY

事業 ★★★★
財運 ★★★
愛情 ★★★
功名 ★★★★
健康 ★★
鴻運日 **7、16**

雖然眼前的問題暫時無法全盤解決，但已經得到轉圜的機會，例如客戶不滿意你的提案，原本已經不打算合作了，但後來又願意再給一些時間，讓你可以修改；又或者主管不滿意你的業績表現，但願意提供更多的支援，讓你有機會力挽狂瀾，再一次在業務上好好衝刺。

這些轉機對豬朋友而言，有種重見光明的感覺。有時候，太過固執的豬朋友，會陷於自己的思路間猛打轉，想尋求協助卻又苦無方法，不過因為有吉星加持，自然會遇到貴人相助，讓整個狀況不至於越來越糟。

健康狀況不算太好，豬朋友在精神壓力過大的時候，很容易亂發脾氣，惡劣的情緒也影響到身體，抵抗力下滑，不小心就感冒了，建議要做好情緒控管，別讓身心承受太多的負擔。

8月
AUGUST

事業 ★★★★
財運 ★★★
愛情 ★★
功名 ★★★★
健康 ★★★
鴻運日 **1、21**

這個月的事業運看漲，埋頭苦幹好一陣子的豬朋友，終於拉抬起低迷的業績，你的認真態度也備受客戶肯定，願意跟你保持合作。另外，老闆也改變對你的看法，重新肯定你的實力，甚至願意提拔你當主管，帶領整個團隊，這樣的轉變自然讓豬朋友感到飄飄然，對未來抱持著樂觀的期待。

相較於工作運轉佳，感情運勢卻相當低落，跟你交往多年的對象，可能不想再承受你的情緒化表現而提出分手，讓仍想維繫感情的豬朋友很沮喪。至於已婚的豬朋友，也可能跟另一半處於低谷的狀態中，因為價值觀的差異，導致口角不斷，或者乾脆就冷戰起來，而這對於彼此的關係，自然殺傷力很大。建議豬朋友別因一時衝動而口不擇言，理性的態度才是緩和彼此衝突的良方。

<table>
<tr><td rowspan="2">9_月</td><td>事業★★</td></tr>
<tr><td>財運★★★</td></tr>
</table>

9月 SEPTEMBER	事業★★
	財運★★★
	愛情★★★★
	功名★★
	健康★
	鴻運日 8、20

這陣子的豬朋友可能因禍得福，例如得了重感冒，不得不請假在家休養一陣子，卻獲得另一半的照料，讓你心生感激，跟對方的感情也更加緊密。又或者豬朋友因為一些誤會，不得已離開原本的職場，卻在貴人牽線下，進入另一家待遇更優渥的公司上班，這些意外變化，讓豬朋友感到很不可思議，也重新調整自己的思維，不再執著於一些細微末節的小事。

也正因為你的想法轉變，連帶讓感情運轉佳，與另一半不再老是意見不合，更願意接納對方的想法。單身的朋友這陣子也逢桃花運大開，要把握好時機去結識更多的人，參加朋友聚餐就是一個好方式；另外，也可以透過交友網站認識到令你心動的網友，或者由長輩介紹而結識值得交往的對象。

10月 OCTOBER	事業★★★
	財運★★★
	愛情★★
	功名★★
	健康★★
	鴻運日 10

這個月將面臨更多的挑戰，可能會接觸到過去不熟悉的領域，卻又得在短時間內完成所有的工作；又或者被指派承擔更多的業務量，讓豬朋友感到吃不消，卻又得一肩扛起所有的責任。

還好這陣子有吉星相助，雖然讓你費盡心力，卻依然能在限期內完成所有的作業，只是對豬朋友來說，情緒一直是你要面對的大罩門，在事情又多又紛雜的時候，更要發揮智慧，沉穩應對，否則很容易得罪人，惹到會在你背後說閒話的小人。

財運呈現不好不壞的狀況，雖然有不錯的進帳，卻也有不少預期之外的開銷要支付，此時最好以保守的態度理財，不宜做投機性的投資，否則很容易虧損。另外，也要避免過度享樂，有些豬朋友很容易因購買精品服飾而花費過多，要適時節制。

11_月	事業 ★★★★

11 月
NOVEMBER

事業 ★★★★
財運 ★★★★
愛情 ★★★
功名 ★★★★
健康 ★★★
鴻運日 5、29

這陣子豬朋友對很多事情都有種開竅的感覺，願意放下過往固執的想法，多跟前輩學習及吸取經驗。學習以變通的方式應對之後，豬朋友會感到自己的人緣運勢也跟著改善，過去鮮少往來的同事，也開始跟你展開交流，並且提供不同的幫助，讓工作的流程更順暢。

近期經常散發正能量的豬朋友，除了在職場上吸引貴人外，生活上也能獲得許多朋友的扶持。建議此時多敞開心胸，活絡自己的人際關係，一些許久沒聯絡的同學、老同事都可以再聯繫一番，將帶給你不一樣的驚喜。

另外，想追求名聲的豬朋友，此時也是可以好好把握的時機，藉由網路平台發聲，累積更多的人氣，獲得更多網友相挺而成為知名網紅，都是這陣子豬朋友可能會有的際遇。

12 月
DECEMBER

事業 ★★
財運 ★★
愛情 ★★
功名 ★★★
健康 ★★
鴻運日 27

豬朋友在這個月會忙得不可開交，還不見得是為自己忙，而是為家人奔波。最近的你要多注意長輩親友的健康，一旦有病徵，就要趕快帶對方就醫，不要拖延，以免病況急轉直下。

另外，有些豬朋友可能會面臨兄弟姐妹間出現財產糾紛的情形，甚至吵到要對簿公堂，這對重感情的豬朋友來說很受傷，也因此容易暴怒、沮喪，建議除了找專業的律師來處理這些問題外，豬朋友也要保持冷靜，不要因情緒暴走而亂了方向，應妥善地應對這些難題。

陷入低潮的豬朋友，在工作上也可能有提不起勁的情形，讓效率大為降低，也開始被主管盯上。建議此時要公私分明，能隨時轉換情緒，在職場上須保持積極的態度，不要情緒化地面對同事，才能安穩地渡過這個難關，一切往好的方向轉變。

PART

3

易經六十四卦測財運
選對時機賺大錢!

易經六十四卦測財運 選對時機賺大錢！

　　自漢代開始，《易經》即被尊為群經之首，它是中華民族智慧的源頭，即使歷時千年，仍舊禁得起考驗。從《易經》占卜可以掌握先機，獲知運勢發展，想要一探近期財運狀況的朋友，可以透過以下的占卜及解析，瞭解是否有機會賺錢致富。

◆ 占卜方式

1. 卜卦之前，請先準備好三個相同幣值的銅板，找一個安靜的場所先閉目靜心。

2. 虔誠地向上天請求開示，一次只能提出一個問題，一件事情只能卜一次，若要問兩件事情，則得分開卜算。

3. 將三個幣值一樣的銅板擲出，人頭為正面，數字為背面。

4. 若擲出的三個銅板均為正面，則為「老陽」；若擲出銅板為一個正面，兩個反面，則為「少陽」，兩者皆為陽爻，陽爻的符號為 ━。

5. 若擲出三個銅板為反面，稱為「老陰」；若一個反面，兩個正面，則為「少陰」，兩者皆為陰爻，陰爻符號為 ╍。

6. 共擲六次銅板，記錄卦象的方式為由下往上。

7. 擲出的第一次為最下面的一爻（初爻），接著由下往上算為第二爻，依此類推擲到第六次時為最上面的一爻（上爻），總共擲六次，共六爻。

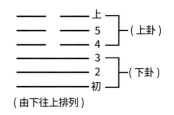

【舉例說明】地天泰 ䷊，即為一個上卦 ☷（坤），及一個下卦 ☰（乾）所組成。

六十四卦的卦名與卦象

坤（地）	艮（山）	坎（水）	巽（風）	震（雷）	離（火）	兌（澤）	乾（天）	←為上卦
								↓為下卦
2 坤為地	23 山地剝	8 水地比	20 風地觀	16 雷地豫	35 火地晉	45 澤地萃	12 天地否	坤（地）
15 地山謙	52 艮為山	39 水山蹇	53 風山漸	62 雷山小過	56 火山旅	31 澤山咸	33 天山遯	艮（山）
7 地水師	4 山水蒙	29 坎為水	59 風水渙	40 雷水解	64 火水未濟	47 澤水困	6 天水訟	坎（水）
46 地風升	18 山風蠱	48 水風井	57 巽為風	32 雷風恆	50 火風鼎	28 澤風大過	44 天風姤	巽（風）
24 地雷復	27 山雷頤	3 水雷屯	42 風雷益	51 震為雷	21 火雷噬嗑	17 澤雷隨	25 天雷無妄	震（雷）
36 地火明夷	22 山火賁	63 水火既濟	37 風火家人	55 雷火豐	30 離為火	49 澤火革	13 天火同人	離（火）
19 地澤臨	41 山澤損	60 水澤節	61 風澤中孚	54 雷澤歸妹	38 火澤睽	58 兌為澤	10 天澤履	兌（澤）
11 地天泰	26 山天大畜	5 水天需	9 風天小畜	34 雷天大壯	14 火天大有	43 澤天夬	1 乾為天	乾（天）

1．乾為天 ☰☰

占得此卦之人，必須要以賺取正財為主，沒有偏財運。如果是在春天占得此卦，將會財來財去，留不住錢財；若為秋天占得此卦，則有破財連連的大危機，一定要格外小心。若跟朋友合夥，可能不歡而散，最終拆夥。此卦不宜投機行事，必須腳踏實地，慢慢累積財富，到了隔年春天，財運將轉佳。

2．坤為地 ☷☷

占卦者的財運平穩，但賺的是辛苦錢，必須要戰戰兢兢，且偏財運較欠缺。另外，雖然身邊出現不少有意願跟你合夥的對象，但千萬要小心，對方最後可能會吃定你，導致鬧翻拆夥。最好靠自己打拚，自可履險如夷，獲利後更不要貿然投資，以免賠錢，宜以保守方式理財。

3．水雷屯 ☵☳

此時正財收入雖不如預期，但整體經濟狀況很穩定，不過對期待過高的你來說，難免有些失落。然而，從卦象來看，占卦者很有機會獲得「暗財」，例如從事房屋仲介業者，可能會收到客戶私下給的紅包，或是當業務的人，有可能結識到日後會鼎力幫助你的貴人，在未來大展鴻圖。

4．山水蒙 ☶☵

目前的收支狀況不平衡，常出現挖東牆、補西牆的窘況，加上占卦者很講義氣，重朋友，很容易聽信他人所言輕易投資，結果蒙受虧損，或是為他人背書、作保，卻遭到背叛，造成錢財嚴重損失。這時候宜冷靜處事，凡事三思而後行，以免迷失

方向，最後得不償失。

5・水天需 ䷄

占卦者人緣極佳，對從事業務工作者來說，這是極佳的優勢，只可惜心性不穩定，做事容易猶豫不決、三心二意，導致賺錢的機會就這麼悄悄地流失，自己也後悔莫及。建議要訓練自己的決斷力，當時機到來時，才能夠好好掌握。而在偏財運上比較弱，要以經營正財為主。

6・天水訟 ䷅

此時求財並不順遂，如果目前與他人有金錢借貸往來，不是你無力償還，就是你借出後追討困難，逃避爭吵並非解決事情的方法，反而有官司訴訟之兆。夫妻之間也很有可能因錢而起爭執，應顧及感情和睦，好好溝通並各退一步，找到彼此能認同的共通點，攜手度過難關。

7・地水師 ䷆

占得此卦之人，近期財運狀況甚佳，還有升官發財的機會。如果因做生意要跟人調頭寸，也會如願獲得需要的資金，曾借人錢而被欠債者，近期有望拿回款項。假使你是在農曆五月卜得此卦，財運更加興旺，但投資時還是要謹慎為上，不要過分貪心，就可以保有原本的好運勢。

8・水地比 ䷇

就卦象而言，占卦者目前錢財運轉得相當順遂，但必須要仰賴外力，也就是貴

人相助才能提升財運，千萬不要故步自封，要多與人接觸，適當地尋求資源，有助成功地增進財運。如果僅憑一己之力，又想求取更多的錢財，就會遇到比較多的障礙跟困擾，挫折感倍增。

9 · 風天小畜 ䷈

此卦顯示占卦者命中帶財，千萬不要因工作辛勞而放棄原有的經營成果，只要堅持下去，錢財很快就會上門的。占卦者因一路上有太多崎嶇風雨，難免自我懷疑，但陽光就將現身，人生路途將轉為風和日麗，毋需喪志。另外，除正職之外還可以再經營小本副業，會有意想不到的收穫。

10 · 天澤履 ䷉

此時財運不佳，有走下坡及破財的跡象，需多加小心謹慎。切記不宜大量增資或快速擴張事業，也不要貿然投資，否則恐怕引發嚴重的損失。另外，也要避免涉獵過去了解不深的產業，或是從事投機性以及賭博性的行業。假使想守住荷包，定存是可以考慮的方式。

11 · 地天泰 ䷊

占卦者的財運較不順心，而且這樣的情形還會持續一陣子，雖不至於壞到日子過不下去；在最困難的時候，會有貴人適時出面助你度過難關，但這只是短暫相助，長遠來看，問題並沒有從根本解決。明年春天時，才會出現轉運的契機，目前要先耐著性子經營人脈，等到來春就可以大展鴻圖了。

12 · 天地否 ䷋

　　此時你正處於財運亨通的階段，原本的財務困難即將解危，存款數字將與日俱增。占卦者的企圖心旺盛，求財慾望強烈，宜往東方發展，且財運在一年當中以春天、冬天為佳，尤其在冬天時有望開創新事業，到了來年春天，夢想便得以實現，財運更加興旺。

13 · 天火同人 ䷌

　　近期在投資上雖有望獲得一筆意外之財，但切勿因此而過於貪求，將更多的資本投注在炒股、炒金，反而會招致破財。若有意開創事業，獲取更多財富，在謹慎評估後可以找到合適的對象來合作，只要資金運轉在可以掌控的範圍內，就能獲得不錯的成果。

14 · 火天大有 ䷍

　　占卦者最近可能會遭遇到一些財務問題，必須快刀斬亂麻，避免越陷越深。多聽聽長輩的意見，將能幫助你迎向光明。想要創業的朋友若占到此卦，切勿輕舉妄動，少則辛苦付出且破財，多則可能嚴重虧損甚至一蹶不振。借出去的錢暫時無法收回，玩股票則容易被套牢，目前宜靜不宜動，不要貿然投資。

15 · 地山謙 ䷎

　　近期有破財的可能，即使占卦者財力雄厚，也不宜在此時作變動，以蟄伏保守為宜，可先把資金存起來，不必急著投資，日後會有更好的機會等著你。如果你堅持在此時進場投資，最後獲利可能會遠不如預期，建議不要太心急，過陣子運氣自

然會好轉，有望逆轉勝。

16・雷地豫 ䷏

此時可放膽投資，會有大收穫。若為資金短缺者，想調度錢財，也可獲貴人相助，無須擔心。占得此卦之人，對金錢的處理態度十分謹慎小心，極少莽撞行事，若找朋友合資開創事業，朋友皆願意助你一臂之力，一切將心想事成，成功指日可待。

17・澤雷隨 ䷐

此時財運頗佳，聚財力足夠，既會賺錢，也很會存錢，占卦者有望賺回過去虧損的錢，反敗為勝。而長期的欠款或呆帳，雖然短期內收不回來，但是這些款項遲早會回到你身邊，要有耐心等待。此時若能開源節流，口袋將更為飽滿，可望成為創業的基金。

18・山風蠱 ䷑

此時並非求財的好時機，雖然身邊看似有很多賺錢的機會，但因心情浮動，容易判斷錯誤，故不宜做重大的投資決策。占到此卦的人，在財務調度上要格外保守小心，更不宜借錢給外人，否則錢財將有去無回。想短期投資、快速獲利恐怕無法如願，建議可將資金轉往土地、房地產等，做長期性的投資。

19・地澤臨 ䷒

占得此卦者在錢財上需要貴人多相助，才能順利累積財富。貴人可能是平輩好

友，也可能是親戚長輩，幫你牽線大客戶，讓業績蒸蒸日上。不過，占卦者本身有些高傲，容易跟旁人有意氣之爭，控制好情緒，才能夠處處結善緣，也才能財源廣進，而不是自己閉門造車。

20・風地觀 ䷓

此卦問求財的結果為小吉，所謂「一分耕耘，一分收穫」，此時若能安守本分，盡力而為，就有小富的格局。占卦者若為公司或店家老闆，只要持續經營，將漸有所成。如果正徬徨於是否該創業，則奉勸此時一動不如一靜，保持現狀為佳，雖然沒有突破，至少也沒有損失。

21・火雷噬嗑 ䷔

占卦者近期在求財上易遭受挫折，倘若小心處理，危機仍可解決。此時宜及早做理財規畫，不要做沒有把握，或瞭解不夠深的投資，亦不要輕信陌生人的話語，避免因他人的影響而貿然投資。目前宜守不宜攻，保守謹慎為佳，對於已有獲利的投資，應見好就收。

22・山火賁 ䷚

由卦象來看，占卦者的錢財近來有失而復得的跡象，財運也有好轉的趨勢，近年來的辛苦努力，會在金錢上得到適當的回報，努力終有代價。雖能嚐到辛勞換來的甜果，但切記不要得意忘形，有關投資及資金調度，仍須穩紮穩打，按部就班來處理，不宜躁進，財運會越來越順。

23・山地剝 ䷖

此時在事業上仍處於打基礎的階段，財運尚不夠好，但只要肯下工夫經營，約在半年或一年之間，投資就能夠獲利。想開店創業之人，占到此卦為吉兆，代表日後將生意興隆，不過現階段要以節流為主，不可奢侈浪費，財富會漸漸增多，開闢另一番天地。

24・地雷復 ䷗

此時是求財的最佳時機，會獲得合理的金錢報償，而曾經借給他人的錢財，也將有機會返回你的身邊。雖然此時財運順遂，但要小心身邊可能有人覬覦你的財物，無論是在投資或是經營生意上，都要步步為營，謹慎小心，也不可以炫富，避免樹大招風，才能持盈保泰。

25・天雷無妄 ䷘

目前不是求財的好時機，困難重重，想擁有好財運，需再等待一段時間。近期投資恐怕會失利，白忙一場，與其渴望有偏財運，還不如做好眼前的工作，逐漸累積正財。雖然目前不適合衝刺，卻是非常適合充電的好時機，多累積一些理財的知識，對未來大有幫助。

26・山天大畜 ䷙

占得此卦者的財運亨通，賺錢非常順利，然而美中不足的是理財能力不足，守不住財，容易財進財出。要能夠量入為出，當省則省，才能夠累積財富，否則就算很會賺錢，未來還是會因金錢而困擾。建議要把錢花在刀口上，精打細算，不做盲

目的消費，就會逐漸成為一個小富翁了。

27・山雷頤 ䷚

此時財運尚可，外在的投資機會也多，但需遇到優質的投資項目，並對該項目有相當程度的了解，才可以放手一搏，建議先把錢存下來，等累積更多理財知識再進場會比較好。未來要投資時，可以優先選擇房地產類，但若需要借錢投資，則有所不利，不可貿然進行。

28・澤風大過 ䷛

此卦為遊魂卦，必須要腳踏實地經營，進帳的速度也是循序漸進，無法短時間內暴富。所謂「滴水穿石，聚沙成塔」，將辛苦攢的錢財一點一滴存下來，仍是非常可觀的。只要不躁進，按部就班地賺錢、存錢，用保守的方式理財，反而比投機型投資更能累積財富。

29・坎為水 ䷜

此卦問求財，有先得後散之象，也就是先賺錢後破財。占得此卦者，一心一意追求金錢，卻常常錯失良機，小錢看不進眼裡，大錢卻也得不到，有點眼高手低，必須調整心態，才能真正地獲利。想要投資或創業者，此時應稍安勿躁，免得血本無歸。若轉往南方求財，會稍微順利一點。

30・離為火 ䷝

占得此卦者，近來財運較不順遂，因此別做投機的事情，好好經營目前穩定的

工作或事業，急著尋找財路反而會做出錯誤的判斷。另外，此時要多注意平日的開銷，以免有入不敷出的狀況。若有多餘資金，選擇房地產、古董、金融或是績優股等長期投資較適宜。

31 · 澤山咸 ䷞

占到此卦者有破財跡象，不宜與人有金錢往來，夫妻、情侶間也容易因錢財而起爭執，要盡量好好溝通，以免衝突不斷。近期在錢財上的阻礙較多，進帳不順利，要格外注意周轉不靈的情況發生。借出去的錢不易收回，故在金錢處理上千萬要謹慎小心，宜量入為出。

32 · 雷風恆 ䷟

最近的財運不是十分理想，但也不至於跌落谷底，跟別人合夥者可能會發現事業前途的掌控權不在自己手裡，無權作主，以至於無從改變財務狀況，充滿無力感。如果是自己獨資當老闆者，出現資金周轉困難的問題時，建議可向女性貴人求助或調度，成功機率較大。

33 · 天山遯 ䷠

此時須持保守態度理財，不利賭博、投機性投資，若是以股票為例，雖不宜短期炒作，卻宜中長期持有，反而是一種穩定性的投資方式。占卦者若想借貸周轉，短期內較不可能，財運要至隔年春天才會順遂；求財則以東方最佳，會比預期豐收。

34 · 雷天大壯 ䷡

占到此卦者的責任心重，在工作上勞心勞力，然而付出的心力雖多，對於實質錢財的獲利，卻沒有太大的助益，賺來的辛苦錢很容易因為一些必要開銷而花費掉，在投資上也沒有掌握到好時機，導致沒有豐厚的獲利。此時不是求財的好時機，建議占卦者勿心急，放慢腳步，等待更好的機會降臨。

35 · 火地晉 ䷢

占到此卦者財運不佳，若要借貸周轉，必然四處碰壁。若從事賭博或投機性投資，結果將大失所望。假使過於奢侈浪費，最終將坐吃山空。借錢給他人，則很可能有去無回。此時只有安分守己、腳踏實地工作，並且節省開銷，小心規畫財務，才是守財之道。

36 · 地火明夷 ䷣

此卦顯示占卦者是個非常有能力之人，但目前時機未到，近期求財的結果會讓你有些氣餒，但不要喪志，此時是個考驗期，度過之後就能豁然開朗。最近很可能有人找你合夥，切記賺錢時機仍未到，若貿然合作恐怕最後會因錢翻臉，甚至官司纏身，不可大意。

37 · 風火家人 ䷤

若問求財，卜得此卦者是一位很有理財能力之人，以往辛苦的投資經營，近期內可望有所斬獲。占卦者可從較小的投資開始，逐漸累積經驗，當未來金錢充裕時，可再做更多的投資，也可將金飾寶石或不動產做為理財的選項。此外，先前欠你錢

的人，近期將出現並主動歸還積欠的款項。

38 · 火澤睽 ䷥

此時並非賺錢的好時機，如果你懷抱著快速累積財富的念頭，可能會大失所望了。不宜有太大的野心，幻想賺大錢而捨棄賺小錢，反而會讓你錯失良機。除了要謹慎規畫財務外，切記不能幫人作保，即使多年老友也一樣，以免到最後官司纏身，破壞多年情誼。

39 · 水山蹇 ䷦

近期錢財狀況恐怕是花費多、收入少，且有意外破財之虞，非常不利投資。請盡量避免無謂的開銷，量入為出，並養成記帳的習慣，可以幫助你理財更精準。另外，近期也不利與人有金錢往來，否則借出去的錢不易收回，要有心理準備，切莫賠了錢財又損傷友誼。

40 · 雷水解 ䷧

有關錢財之事大可不必憂慮，如果在財務上遇到燃眉之急，占得此卦表示可以安然度過，並無大礙。在投資方面，獲利機率相當高，但仍要有所節制，不可因貪念而沖昏了頭。曾借出去的金錢近期會有部分回收，雖然無法將款項全數追回，但會逐漸把錢收回來。

41 · 山澤損 ䷨

財運並非十分理想，短期之內想獲利恐怕不易，此時非但不是投資的好時機，

甚至還要小心上當受騙。目前的投資環境可能讓占卦者有種施展不開的感覺，建議見好就收，有賺就好，這樣財富反而更穩固。重義輕利的你，面對朋友來借貸需格外小心，以免日後催討無門。

42 ‧ 風雷益 ䷩

占卜者最近出現破財的跡象，不妨自己先買一些實用又保值的東西，不僅花費在正途上，又可保住錢的價值。出入公共場所時切記財不露白，多留意身旁財物，以免被騙、遭竊。目前不利投資，最好把錢存在銀行，雖然利息微薄，但是對目前的你而言，這才是最正確的選擇。

43 ‧ 澤天夬 ䷪

占得此卦者，表示獲利之日為期不遠了，只要勤快工作，近期的收入會有好成績。占卦者的心地善良，可獲父母、長輩的福蔭，在金錢上不用操太多心，只要付出就會有收穫。另外，宜選擇長期性而非投機型的投資，會更加穩當。而若有金錢上的糾紛及困擾，近期可順利解決，不需擔憂。

44 ‧ 天風姤 ䷫

此卦顯示目前財運仍處於耕耘階段，要到來年才會有好成果。如果占卦者近期發生財務危機，將有貴人伸出援手相助，而貴人所在的方向為你的住所的東北東方向，且姓名中有「木」字者居多，或生肖屬虎者。另外，你在春季與冬季的財運較佳，但不利投機事業，亦不利賭博，宜經營正財。

45・澤地萃 ䷬

　　近期不宜做重大的投資計畫，更不可替人作保，要小心惹上官司是非。此卦有利獲得名聲，卻難有實質的金錢利益，因此不宜做沒有把握或不熟悉的投資，且要及早規畫；只要正當經營，站穩腳步，前景發展相當不錯，累積一定程度的好名聲後，有朝一日自會財源廣進。

46・地風升 ䷭

　　占卦者近來的財運非常好，而且暗中協助你的貴人也很多，讓你在事業上更加順遂。除了在事業上獲利之外，在房地產方面的財運也相當不錯。不管是自己有房子要賣，還是擔任房屋仲介，都會獲得很滿意的成交價。另外，在有價證券方面也可以做適度的投資，將可為你帶來一筆額外的進帳。

47・澤水困 ䷮

　　占卦者近期的財運不錯，宜把握機會，不要猶豫。如果有信譽不錯的朋友找你合夥，可以考慮合作，一般上班族則有加薪的機會，若從事副業者，也會有不錯的入帳，借出去的款項，亦有望收回。從事園藝類工作的朋友，財運尤其興旺，名利雙收，但要切記毋自滿，謙虛會讓你更有人緣。

48・水風井 ䷯

　　占得此卦者，表示你是一位非常會聚財的人，近期的財運亦佳。而財運除了表現在平常的工作收入之外，也會表現在房地產上面。如果要賣屋，可以賣到很高的價錢，把握好時機，獲利還會更高。如果有人曾欠你錢未還，對方最近將會上門還

錢，不用多慮。

49·澤火革 ䷰

占到此卦者，對於求財要格外謹慎，稍一不注意就會有破大財之虞。目前的時機點不適合做太多投資，眼前看似機會不少，但最後收穫會不如預期。這段時間不要懷抱太多野心，先守住固有的財源就好。另外，也可以多吃紅色食物，及多穿紅色系衣服，都有助於改善財運。

50·火風鼎 ䷱

此時較有利於至遠方求財，雖然辛苦勞累，但會獲得佳績，尤其在正財方面會有意想不到的收穫。至於投機性的投資，則不是獲利的最佳選項，應淺嚐即止，別得到一點甜頭後就立刻乘勝追擊，謹慎為上。在生活消費上也要量入為出，以免一不小心享樂過頭，導致開銷過大。

51·震為雷 ䷲

此時是投資的好時機，想向朋友借貸周轉者可如願達成，而找女性貴人借貸會比找男性更容易。在合夥上，則要考慮相處上的問題，有可能因為彼此意見不一，產生糾紛。若能妥善處理好人際關係，財務狀況就不用擔心，可以順利拓展業務，開創事業。

52·艮為山 ䷳

依卦象分析，占卦者不管過去失去多少錢財、損失多少資金，都得以回收，不

必擔心。在累積財富上,則有利於匯聚正財,但不利於投機性、賭博性的錢財。另外,此卦有「先名後利」的徵兆,占卦者不要急於在短時間內獲利,也不要因為想賺錢而走偏門,穩紮穩打地工作,收入自然會慢慢豐厚。

53 · 風山漸 ䷴

若能妥善運用以往的獲利並正確地投資,將能讓財富倍增。假使你是無殼蝸牛,可以考慮貸款購屋自住;如果想投資房地產,除非是閒錢且沒有金錢周轉的壓力,否則仍非好時機。近期可能會遇到貴人幫助拓展事業,但執行上仍切記勿躁進,按部就班自然會獲得佳績。

54 · 雷澤歸妹 ䷵

此時雖有進財的機會,但占卦者總留不住錢財,財來財去,且財務根基不穩,目前不論是投資或創業,均不適合。雖然破財之事讓你心煩意亂,想另闢財源卻又一直無法遇到好時機,沒有天時地利,就別急著擴張。若能轉念沉潛,累積更多理財知識,將有助於減少財物損失。

55 · 雷火豐 ䷶

此時金錢收入狀況不如預期,且沒有偏財運,切記避開投機性質的投資,以免得不償失。更不要貪圖利息去跟會,恐會血本無歸。假使此卦為春天占得,表示財務狀況將於夏天出現轉機;如果是秋冬占卦,則需至隔年夏天才能好轉,另外多接觸紅色的事物,如衣服飾品、開運寶物等,也有助於慢慢增強財運。

56 · 火山旅 ䷄

占得此卦表示財運極佳，當老闆者開始賺錢了，當員工者則有升官加薪的機會，且可能獲得意外之財，讓你喜出望外。此時若有閒錢想投資，可以考慮投資在金融、珠寶、土地房屋或汽車類，增值的空間大。另外，雖然財運比先前來得佳，但要小心別過度享樂，以免花費過多。

57 · 巽為風 ䷸

此時財務狀況不穩定，別人若建議你拿錢出來投資，宜再三考慮，短期性的投資尤其不適宜，可能會損失慘重。借出去的錢暫時無望取回，若有人在此時開口借錢，要先有恐怕拿不回來的心理準備，再衡量是否要借錢給他人。財務掉落谷底的朋友需熬過這個階段，才能撥雲見日。

58 · 兌為澤 ䷹

近期的財源來自於穩定的工作收入，想額外投資獲利者，希望渺茫。尤其是投資股票或期貨者，更要小心轉盈為虧，以保守態度理財為佳。另外，想創業的朋友，此時也不宜太急，要等到兔年、雞年或是狗年時，才是轉運的好時機，屆時可以好好把握，可望名利雙收。

59 · 風水渙 ䷺

此卦顯示若與他人合資或合夥開業，可說是辛勞有餘，但獲利不足，甚至可能因為進帳不如預期而讓彼此傷了和氣。此時宜靠自己獨力耕耘為佳，財務規畫也要以保守為宜，及累積正財為主，避免過度投資。另外，做生意的朋友在帳目上要清

清楚楚，避免未來可能會有金錢糾紛。

60 · 水澤節 ䷻

此卦顯示占卦者財運極佳，且理財能力一流，想求財者可望獲利；意欲貸款者，會出現貴人幫忙；想創業者，可順利募集資金；借出去的款項，有歸還之跡象。雖然在財務上一切順利，但要注意勿過度貪圖物質生活，不僅要會開源，還要能節流，才守得住錢財。

61 · 風澤中孚 ䷼

此時財運不甚理想，應以節流為主，以免入不敷出，導致經濟狀況陷入窘境。如果從事投機性或賭博性的項目，錢財恐會一去不回。近期若非必要，可盡量減少應酬飯局，當省則省，買東西也要精打細算，雖無法開闢良好的財源，但若能謹慎守成，仍可安定生活。

62 · 雷山小過 ䷽

此卦顯示近期工作壓力沉重，財庫短缺，判斷力欠佳，因此最好避免各類投資，以免做出錯誤判斷。另外，近期有人來借貸的話，若非至親好友或緊急狀況，宜盡量避免，更不宜替人作保，否則容易官司纏身。此時諸事不宜強求，盡量節省開支，以免入不敷出。

63 · 水火既濟 ䷾

近期財運不佳，錢財短缺，若想向人借貸周轉，也難獲得對方的幫助。貴人運

弱，讓占卦者有種凡事伸展不開來的狀況，此時當然也不是投資的好時機，若孤注一擲，恐怕多年的血汗錢都將付諸流水，一去不返。先讓自己沉住氣，重新檢視自己的財務狀況，妥善管理跟規畫，才是度過難關的良方。

64 · 火水未濟 ☲☵

此時求財不利，錢財周轉要格外慎重，不要以「挖東牆、補西牆」的方式處理財務，小心兩面牆都不夠牢固。近期就算投資有獲利，金額也不會太多，加上還有許多必要的生活開銷，呈現「錢花得總是比賺得多」的狀態。財務管理以節流儲蓄方式為佳，方能安穩度過這個財運失利的階段。

2021

開運農民曆

大家來看農民曆

　　許多人以為進入工商社會後，農民曆的需求性不再像農業社會那麼重要，但你知道嗎？農民曆至今仍是台灣每年最暢銷的一本書喔！事實上，農民曆除了農事，舉凡剪髮、外出、結婚、搬家喬遷乃至安葬送終等生活大小事，現代人依然可從中選擇良辰吉日並加以安排，讓日常行事順利、闔家安康。

　　農民曆並不是農民的專屬日誌，它是跨越古今時空的文化資產，也是提供日常生活該如何行進，幫助人們趨吉避凶，讓好運最大化的最佳參考書。

一、每日宜忌

　　嫁娶、置產、入宅、升職等喜慶之事應選擇吉日進行，每日吉神凶煞各有宜忌事項，應以事件性質選定吉日。農民曆彙整每日宜忌，方便查閱。

二、選定吉日

　　吉日、吉時，只是一般通用，嚴格來說，應當視主事者的生肖來做選擇，與當日干支不能相沖。農民曆彙整每日沖煞生肖年齡，讓讀者便於查閱。

三、挑選良辰

　　選定吉日之後，接下來就要挑個良辰了，農民曆上已經載明「每日吉時」，取用即可；但如果要再求精細，仍要依主事者的生肖來做選擇；因此，應自每日吉時中，選與主事者的生肖未見沖煞的時辰。

吉時對照表

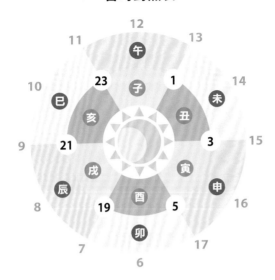

農民曆實用資訊

日期、節日、節氣、每日干支

登貴吉時：為該日最好的時辰，顧名思義就是貴人要升天、登天之際，是極為尊貴的時辰，要做重大決定不妨選在此時。登貴吉時更勝每日吉時，如逢相同時辰，更是喜上加喜。

每日吉時：當日吉利時辰，但吉利程度略遜於登貴吉時。

宜忌事項：每日趨吉避凶指南。

每日沖煞生肖：當天運勢較差生肖，行事低調，待人謙卑，可求自保。

每日胎神占方：家有孕婦者，此方位不宜動。

喜神：每日喜神方位。

財神：每日財神方位。

每日福星：當天運勢最旺生肖，把握時運，全力以赴，則如意通達。

宜忌事項名詞解釋

祭祀：指祠堂之拜拜，即祭拜祖先或廟宇的祭拜。

祈福：祈求神明降福或設醮還願之事。

開光：神佛像塑成後之點眼、供奉上位之事。

問名：合對男女雙方的八字帖後，交換庚帖、譜牒。

訂盟：訂婚儀式，俗稱訂婚、文定、小聘。

提親：受男方或女方的委託，向對方提議婚嫁之事。

納采：受授聘金，俗稱完聘、大定、大聘。

裁衣：裁製新娘的新衣或指做壽衣。

安床：意指安置睡床，含安裝新床或搬移舊床。

嫁娶：男娶女嫁，迎親之日，舉行結婚大典的吉日。

移徙：意指搬家、遷移住所。

入宅：即遷入新宅，所謂「新居落成」是也。

安香：香火之安位，例如安土地公或堂上祖先神位。

出火：移動神明之位。

解除：指沖洗清掃宅舍、解除災厄之事。

出行：外出旅行、觀光遊覽。

會親友：拜訪或宴請親友。

求醫治病：就醫治療或動手術。

開市：即開業利市，同「開幕」、「開工」之意，包括年初開始營業或開工及新設公司行號、新廠開幕等。

立券、交易：訂立各種契約、買賣之事。

納財：購屋置產、進貨、收帳、收租、討債、貸款、五穀入倉等。

交車：點交新購之汽機車。

安機械：安置車床、機械等設備。

動土：陽宅建築時第一次起鋤頭挖土、新基起蓋。

上樑：安裝建築物屋頂的樑木。

破土：指陰居埋葬用的動土。

謝土：指建築物完工後，或是安葬後、填墓完成時，所舉行的祭祀。

安葬：舉行埋葬等儀式。

破屋壞垣：拆除房屋或圍牆之事。

平治道塗：鋪平道路等工程。

修飾垣牆：修補、粉刷建築物的圍牆。

豎造全章：修造動土、豎柱上樑、開渠穿井、破屋壞垣、修飾垣牆、移徙等新造舊修之統稱。

鳳凰日、麒麟日：鳳凰日女性行事一切諸宜，麒麟日男性行事一切諸宜。

　　根據傳統習俗，無論公司行號規模大小，在農曆新春期間挑個吉日良辰開工、開市，有助於新的一年生意興隆，財祿廣增；大公司則更為講究，多由負責人、營運主管親率全體員工，遵循傳統舉行開工拜拜儀式，祈願諸神佛賜福，為公司帶來正面影響，業績高升，獲利持續成長。

開工吉日：
吉日與吉時的選擇，應以公司行號負責人或重要經營主管為主，避開老闆、負責人或高階主管的生肖沖煞。

開工吉時：
拜拜儀式宜在上午進行，最好於午時（上午 11 時～下午 1 時）前完成，因為要趁陽氣正旺時迎接天地正氣，增進財祿！

祭拜位置：
宜於公司或商店大門口，選擇光線明亮處，面對門外天空，拜請眾神護佑。

參與人員：
由公司負責人或重要主管率領全體員工參加，誠心祈願。

祭拜供品：
包括鮮花、紅燭各一對、香與香爐、五種水果（鳳梨、蘋果、香蕉、橘子、棗子）、三色金（壽金三支、福金三支、刈金三支）、茶酒三杯及鞭炮一對。供品可貼上紅紙書寫的「開市大吉」、「招財進寶」等吉祥字句，亦可隨喜準備發粿、糕餅、乾果類供品。

吉祥祝禱：
主祀者口唸吉祥祝禱文，請示神明，告知今日吉時開市，主祀者姓名、公司行號、地址等，祈請神明保佑，助生意興旺。

儀式流程：
開工祭拜儀式完成，燒化金紙後，點燃鞭炮開市，意謂旺運大發、一鳴驚人。祭祀全部結束後，持三杯酒水（或茶水）朝外潑灑，收拾供品分發給員工共享，吉利滿堂。

其他事項：
開工當日應相互祝福，同沾福運；老闆亦會準備紅包發給員工，象徵業績長紅，大吉大利。

民國 110 年辛丑年開市吉日吉時

國曆日期	農曆日期	日干支	日沖生肖	開市吉時	時沖生肖
2/12(五)	1/1（五）	辛卯	沖雞 17 歲	卯時	沖雞 17 歲
				午時	沖鼠 14 歲
2/15(一)	1/4（一）	甲午	沖鼠 14 歲	卯時	沖雞 41 歲
				辰時	沖狗 40 歲
				巳時	沖豬 39 歲
				午時	沖鼠 38 歲
2/24（三）	1/13(三)	癸卯	沖雞 65 歲	卯時	沖雞 53 歲
				辰時	沖狗 52 歲
				巳時	沖豬 51 歲
				午時	沖鼠 50 歲
2/27（六）	1/16(六)	丙午	沖鼠 62 歲	卯時	沖雞 17 歲
				午時	沖鼠 14 歲
3/2（二）	1/19(二)	己酉	沖兔 59 歲	巳時	沖豬 39 歲
				午時	沖鼠 38 歲

以上為開市拜拜吉時，若因故無法與開工日配合，亦可先行開工，再另選吉日拜拜，在開工日之前或之後都可以。

日期	星期	節氣/備註	農曆	干支	時	吉時	宜／忌	沖	喜神	財神	胎神占方	沖生肖
31	日	勿探病	十二月十九	己卯	亥卯	子午未申	●宜：提親、納采、裁衣、嫁娶、火化、安葬　忌：上樑、入宅、會親友、安床、立券、交易、納財	雞28	東北	正北	外占大門正西	狗
30	六		十二月十八	戊寅	戌辰	丑巳午未	●宜：解除、問名、訂盟、提親、納采、裁衣、移徙、入宅、剃頭、開市　忌：會親友、安機械、納財、出火、上樑、安床、嫁娶、安香、沐浴	猴29	東南	正北	外房床正西	豬
29	五		十二月十七	丁丑	子寅	巳午酉亥	宜：解除、問名、訂盟、提親、納采、裁衣、會親友　忌：立券、交易、破土。◎日值季月紅紗正煞，宜事少取	羊30	正南	正西	外倉庫正西	鼠
28	四		十二月十六	丙子	寅子	丑辰巳申	◎宜：祭祀、裁衣、安床、安機械、立券、交易、納財、入殮　忌：作灶、入宅	馬31	西南	正西	外廚灶西南	牛
27	三		十二月十五	乙亥	卯亥	寅卯未申	●宜：祭祀、祈福、出火、上樑、安床灶、移徙、入宅、安香、開市、納財　忌：火化、安葬、謝土。◎麒麟日	蛇32	西北	東南	外碓磨西南碓	虎
26	二		十二月十四	甲戌	戌時	寅卯午未	宜：祭祀、祈福、裁衣、沐浴、安床　忌：安床	龍33	東北	東南	外門雞西南栖	兔
25	一		十二月十三	癸酉	午申	子丑辰巳	宜：祭祀、解除、沐浴、入殮　忌：破土、安葬	兔34	東南	正南	外房床門西南	龍
24	日		十二月十二	壬申	申午	子卯辰巳	●宜：開市、問名、訂盟、提親、納采、嫁娶、會親友、出行、沐浴、作灶　忌：祭祀、祈福、謝土、交車、入殮、破土、火化、安葬	虎35	正南	正南	外倉庫爐西南	蛇
23	六		十二月十一	辛未	酉	寅卯午申	◎日值月破大耗日，宜事少取　忌：謝土	牛36	西南	正東	外廚灶廁西南	馬
22	五	勿探病	十二月初十	庚午	戌辰	丑寅未申	提親、解除、問名、訂盟、納采、上樑、安床、出行、沐浴、剃頭、問名、訂盟　忌：入宅	鼠37	西北	正東	外占門正南	羊
21	四		十二月初九	己巳	卯時	巳午申酉	●宜：入宅、納采、開市、安香、裁衣、出火、嫁娶、安床、沐浴、剃頭、出行、移徙　忌：	豬38	東北	正北	外占門正南床	猴
20	三	大寒	十二月初八	戊辰	辰時	巳未申酉	●宜：祭祀、祈福、修飾垣牆、平治道塗　忌：入宅、納采、交車、入殮、破土、火化、安葬、會親友、安香、開市	狗39	東南	正北	外房床正南栖	雞
19	二		十二月初七	丁卯	卯	巳午未戌	宜：問名、訂盟、提親、納采、裁衣、嫁娶、會親友、安香、開市　忌：移徙、入宅、安床、立券、交易、安葬	雞40	正南	正西	外倉庫門正南	狗
18	一		十二月初六	丙寅	卯丑	巳午酉戌	●宜：解除、問名、訂盟、提親、納采、裁衣、安床、移徙、入宅、安香、立券、交易　忌：納財、破土、火化、安葬	猴41	西南	正西	外廚灶爐正南	豬
17	日		十二月初五	乙丑	辰子	寅卯巳申	◎日值季月紅紗正煞，宜事少取　●宜：祭祀、解除　忌：動土、解除	羊42	西北	東南	外碓磨廁東南	鼠

國曆	16	15	14	13	12	11	10	9	8	7	6	5	4	3	2	1
星期	六	五	四	三	二	一	日	六	五	四	三	二	一	日	六	五
節日										勿探病	勿探病	小寒				元旦
農曆	十二月初四	十二月初三	十二月初二	十二月初一	十一月廿九	十一月廿八	十一月廿七	十一月廿六	十一月廿五	十一月廿四	十一月廿三	十一月廿二	十一月廿一	十一月二十	十一月十九	十一月十八
干支	甲子	癸亥	壬戌	辛酉	庚申	己未	戊午	丁巳	丙辰	乙卯	甲寅	癸丑	壬子	辛亥	庚戌	己酉
每日登貴	巳亥	未酉		戌午	亥巳		亥巳	丑卯	卯丑	辰子	巳亥	酉時	酉未	戌午	亥巳	子辰
每日吉時	卯辰未申	子寅卯未	寅卯巳午	丑寅辰巳	辰巳未申	子卯巳午	寅巳午未	丑巳午申	巳午申酉	卯未申戌	丑寅午未	子卯巳酉	卯辰巳申	寅卯午未	寅卯午未	辰巳午申
宜忌	●忌：開光、嫁娶 宜：祭祀、祈福、訂盟、納采、裁衣、入殮、火化、安葬、沐浴、安機械、上樑、安床灶、	●忌：嫁娶 宜：開光、沐浴、入殮、安葬、求醫治病、出行、豎造全章	宜：祭祀	●忌：祭祀 宜：解除、入殮、破土、火化、安葬	宜：開光、問名、訂盟、提親、納采、出火、動土、上樑、安床、移徙、入宅、安香、開市、	宜：安床	●忌：安床 宜：祭祀、嫁娶、出行、沐浴、剃頭、安床、移徙、入宅、安香、	●忌：祭祀 宜：安葬	●忌：作灶 宜：祭祀、裁衣、立券、會親友、平治道塗	宜：解除、問名、訂盟、提親、納采、嫁娶、裁衣、入殮、火化、安葬、安床、開市、立券、出行、 節後宜：解除	宜：解除、剃頭、祈福、訂盟、納采、嫁娶、出行、會親友、沐浴、納財、移徙、入宅、開市、立券、交易、安香 節前宜： ◎鳳凰日	●忌：入殮、火化、安葬 宜：出火、動土、出行、會親友、沐浴、剃頭、移徙、入宅、安香	宜：入殮、火化、安葬、安床、求醫治病、出火、動土、破土	宜：沐浴、裁衣、動土、安灶	●忌：問名、訂盟、提親、納采、嫁娶 宜：祭祀、祈福、解除、提親、納采、會親友、動土、上樑、	●忌：沐浴、剃頭 宜：問名、訂盟、提親、納采、嫁娶、裁衣、入殮、火化、安葬、
每日沖煞生肖	馬43	蛇44	龍45	兔46	虎47	牛48	鼠49	豬50	狗51	雞52	猴53	羊54	馬55	蛇56	龍57	兔58
喜神	東北	東南	正南	西南	西北	東北	東南	正南	西南	西南	東北	東北	正南	西南	西北	東北
財神	東南	正南	正南	正東	正東	正北	正北	正西	東南	東南	東北	正東	正東	正東	正北	正北
每日胎神占方	占門碓 外東南	占房床 外東南	占倉庫 外東南	占廚灶 外東南	占廚灶 外東南	占門廁 外正東	房床碓 外正東	倉庫床 外正東	廚灶栖 外正東	碓磨門 外正東	占門爐 外東北	房床廁 外東北	倉庫碓 外東北	廚灶床 外東北	碓磨栖 外東北	占大門 外東北
每日福星	牛	虎	兔	龍	蛇	馬	羊	猴	雞	狗	豬	鼠	牛	虎	兔	龍

項目	28	27	26	25	24	23	22	21	20	19	18	17	16	15
星期	日	六	五	四	三	二	一	日	六	五	四	三	二	一
節日	二二八和平紀念日		元宵節			勿探病					雨水			
農曆	正月十七	正月十六	正月十五	正月十四	正月十三	正月十二	正月十一	正月初十	正月初九	正月初八	正月初七	正月初六	正月初五	正月初四
干支	丁未	丙午	乙巳	甲辰	癸卯	壬寅	辛丑	庚子	己亥	戊戌	丁酉	丙申	乙未	甲午
時	亥時	丑亥	寅戌	卯酉	巳未	未巳	申辰	酉卯	酉卯	酉卯	子寅	卯亥	卯亥	辰戌
吉時	卯巳午酉	巳未酉戌	寅卯申酉	寅未申酉	卯巳未戌	子卯巳午	寅巳午申	辰未申酉	寅卯午未	卯巳午未	辰巳午酉	辰巳午酉	子寅卯午	寅卯未戌
宜忌	●土 忌：安葬 宜：祭祀、祈福、出火、解除、出行、動土、上樑、安床、問名、訂盟、提親、納采、裁衣、移徙、入宅、安香、入殮、破	●忌：作灶 宜：祭祀、會親友、開光、祈福、出行、安機械、出火、動土、上樑、安床、移徙、入宅、火化、安葬、謝土	●宜：出行、平治道塗	●忌：作灶 宜：開市、交易、嫁娶、會親友、解除、沐浴、問名、訂盟、提親、納采、動土、上樑、安床、移徙、入宅、火化、安葬、謝土	●宜：開市、裁衣、嫁娶、求醫治病、會親友、祈福、解除、出行、沐浴、動土、上樑、安床、動土、火化、安葬、謝土	●火化、安葬 宜：解除、裁衣、會親友、上樑、安床、立券、交易、納財、入殮	◎鳳凰日 宜：祭祀、開光、祈福、剃頭、問名、訂盟、提親、納采、裁衣、嫁娶、出行、火化、安葬、謝土	●忌：豎造全章 宜：祭祀、開光、祈福、剃頭、提親、納采、裁衣、嫁娶、出行、沐浴、會親友、立券、交易、出行、入殮	◎日值受死日忌諸吉事 宜：開市、交易、交車 忌：嫁娶	●忌：豎造全章 宜：入殮、破土、火化、安葬、謝土	●破土 宜：祭祀、解除、問名、訂盟、提親、納采、出行、沐浴、求醫治病、破屋壞垣	宜：祭祀、解除、沐浴、裁衣、嫁娶、出火、安床、移徙、入宅、安香	●入殮、火化、安葬 宜：開市、立券、交易、納財、出火、動土、上樑、安床、移徙、入宅、安香、裁衣、嫁娶、提親、納采	●忌：作灶 宜：開市、開光、祈福、出行、安火、動土、上樑、安床、移徙、入宅、安香、納財、交車
生肖歲數	牛61	鼠62	豬63	狗64	雞65	猴66	羊67	馬68	蛇69	龍10	兔11	虎12	牛13	鼠14
煞方	正南	西南	西北	東北	東南	西南	西北	西北	東北	東南	正南	西南	西北	東北
財位	正西	正西	東南	東南	正西	正西	正東	正東	正北	正北	正西	正西	東南	東南
胎神	倉庫廁 房內東	廚灶碓 房內東	碓磨床 房內東	門雞栖 房內東	房床門 房內南	倉庫爐 房內南	廚灶廁 房內南	占碓磨 房內南	占門床 房內北	房床栖 房內南	倉庫門 房內南	廚灶爐 房內北	碓磨廁 房內北	占門碓 房內北
沖	馬	羊	猴	雞	狗	豬	鼠	牛	虎	兔	龍	蛇	馬	羊

二月

國曆	星期	節日	農曆	干支	每日登貴	每日吉時	宜忌	每日沖煞生肖	喜神	財神	每日胎神占方	每日福星
1	一		十二月二十	庚辰	辰時	丑未申酉	◎宜：祭祀、裁衣、嫁娶、安床、平治道塗、修飾垣牆	狗27	西北	正東	外碓磨栖正西	雞
2	二		十二月廿一	辛巳	酉巳	寅午申酉	宜：祭祀、祈福、裁衣、會親友、沐浴、剃頭、入殮、安葬	豬26	西南	正東	外廚灶床正西	猴
3	三	立春／勿探病	十二月廿二	壬午	申午	寅卯巳未	◎忌：破土、火化、安葬　節前宜：祭祀、開市、嫁娶、安床　節後屬陰時故不取	鼠25	正南	正南	外倉庫碓正北	羊
4	四		十二月廿三	癸未	午申	卯巳午未	宜：祭祀、祈福、裁衣、訂盟、提親、納采、會親友、出行、入殮、火化、安葬	牛24	東南	正南	外房床廁正北	馬
5	五		十二月廿四	甲申	辰戌	卯辰巳未	◎宜：祭祀、解除、沐浴、剃頭、動土、入殮、破土、火化、安葬　日值月破大耗日，宜事少取	虎23	東北	東南	外占門爐西南	蛇
6	六		十二月廿五	乙酉	亥時	丑寅辰巳	●謝土　忌：作灶	兔22	西北	東南	外碓磨門西北	龍
7	日		十二月廿六	丙戌	寅子	卯巳午酉	◎日值受死日忌諸吉事	龍21	西南	正西	外廚灶栖西北	兔
8	一		十二月廿七	丁亥	子寅	寅卯午未	宜：嫁娶、會親友、安香	蛇20	正南	正西	外倉庫床西北	虎
9	二		十二月廿八	戊子	戌辰	丑辰巳未	●宜：祭祀、開光、祈福、剃頭、提親、納采、裁衣、沐浴、會親友、動土、開市、立券、交易、納財、修飾垣牆、破土	馬19	東南	正北	外房床碓正北	牛
10	三		十二月廿九	己丑		巳午申酉	宜：祭祀、祈福、裁衣、安床灶、入殮、安葬	羊18	東北	正北	外占門廁正北	鼠
11	四	除夕	十二月三十	庚寅	戌辰	午未酉戌	●宜：提親、裁衣、會親友、立券、交易、納財　忌：入宅	猴17	西北	正東	外碓磨爐正北	豬
12	五	春節	正月初一	辛卯	巳時	寅午未申	◎宜：祭祀、祈福、解除、剃頭、裁衣、動土、上樑、安床、移徙、入宅、安香、開市、立券、交易、納財　歲首良辰不宜凶事故不取	雞17	西南	正東	外廚灶門正北	狗
13	六		正月初二	壬辰	申午	卯巳申酉	●宜：解除、問名、出行、提親、納采、嫁娶、會親友、求醫治病	狗16	正南	正南	外倉庫栖正北	雞
14	日	情人節	正月初三	癸巳	午申	子丑卯巳	●宜：平治道塗、作灶　忌：祭祀、祈福、安葬	豬15	東南	正南	占房床房內北	猴

日期	星期	節日	農曆	干支	時	吉時	宜／忌	生肖·編號	方位一	方位二	胎神	沖
31	三		二月十九	戊寅	寅時	丑巳午未	●忌：提親、納采、動土、安床灶、入殮、破土、火化、安葬	猴 30	東南	正北	外正西 房床爐	豬
30	二		二月十八	丁丑	戌子	巳午酉亥	宜：祭祀、祈福、解除、沐浴、求醫治病、問名、訂盟、提親、安床、移徙、納	羊 31	正南	正西	外正西 倉庫廁	鼠
29	一	青年節	二月十七	丙子	子戌	丑辰巳申	忌：裁衣、嫁娶、開市、安葬	馬 32	西南	正西	外正西 廚灶碓	牛
28	日		二月十六	乙亥	丑酉	寅卯未申	宜：開光、解除、剃頭、訂盟、提親、裁衣、會親友、移徙、出行、沐浴、安香；●忌：求醫治病、安機械、出火、動土、上樑、安床灶、入宅	蛇 33	西北	東南	外西南 碓磨床	虎
27	六		二月十五	甲戌	寅申	寅卯午未	●忌：嫁娶；宜：納采、裁衣、祈福、安機械、解除、出火、動土、上樑、安床灶、移徙、入宅、提親	龍 34	東北	東南	外西南 門雞栖	兔
26	五		二月十四	癸酉	辰午	子丑辰巳	宜：求醫治病、破屋壞垣	兔 35	東南	正南	外西南 房床門	龍
25	四		二月十三	壬申	午辰	子卯辰巳	宜：祭祀、祈福、解除、會親友、出火、動土、上樑、安床灶、移徙、入宅、謝土	虎 36	正南	正南	外西南 倉庫爐	蛇
24	三		二月十二	辛未	未卯	寅卯午未	宜：出火、動土、上樑、安床灶、移徙、入宅、作灶；忌：出行、問名、訂盟、提親、破土、火化、安葬、納采	牛 37	西南	正東	外西南 廚灶廁	馬
23	二	勿探病	二月十一	庚午	申寅	丑寅未申	◎鳳凰日；忌：問名、訂盟、提親、納采	鼠 38	西北	正東	外正南 占碓磨	羊
22	一		二月初十	己巳	酉丑	巳午申酉	◎日逢真滅沒宜事不取	豬 39	東北	正北	外正南 占門床	猴
21	日		二月初九	戊辰	申寅	巳未申酉	●忌：嫁娶、安葬、安床、上樑；宜：祭祀、開光、祈福、求醫治病、開市、立券、交易、納財、交車、入殮	狗 40	東南	正北	外正南 房床栖	雞
20	六	春分	二月初八	丁卯	戌丑	巳午未戌	◎日值四離日，宜事少取	雞 41	正南	正西	外正南 倉庫栖	狗
19	五		二月初七	丙寅	丑亥	巳午酉戌	●忌：嫁娶；宜：祭祀、祈福、解除、會親友、問名、訂盟、提親、納采、裁衣	猴 42	西南	正西	外正西 廚灶爐	豬
18	四		二月初六	乙丑	寅戌	寅卯巳申	●忌：移徙、入宅、作灶；宜：祭祀、沐浴、作灶	羊 43	西北	東南	外東南 碓磨廁	鼠
17	三		二月初五	甲子	卯酉	卯辰未申	●忌：開市、立券、交易、納財、裁衣；宜：祭祀、沐浴、剃頭、作灶	馬 44	東北	東南	外東南 占門碓	牛
16	二		二月初四	癸亥	未時	子寅卯未	●忌：火化、動土、上樑、安床灶、移徙、入宅；宜：開市、立券、交易、納財、沐浴、求醫治病、問名、訂盟、提親、納采、出	蛇 45	東南	正南	外東南 占房床	虎

國曆	星期	節日	農曆	干支	每日登貴	每日吉時	宜忌	每日沖煞生肖	喜神	財神	每日胎神占方	每日福星
1	一		正月十八	戊申	酉卯	丑辰巳午	◎宜：祭祀、解除、沐浴、求醫治病、破屋壞垣　◎日值月破大耗日，宜事少取	虎 60	東南	正北	房床爐外東	蛇
2	二		正月十九	己酉	酉卯	巳午申	◎宜：祭祀、開光、出行、剃頭、裁衣、沐浴、破土、火化、安葬、謝土	兔 59	東北	正北	占大門外東北	龍
3	三		正月二十	庚戌	酉卯	寅卯午未	◎宜：入殮、破土、火化、安葬　◎日值受死日忌諸吉事	龍 58	西北	正北	碓磨栖外東北	兔
4	四		正月廿一	辛亥	申辰	寅卯午未	●忌：上樑　宜：祭祀、祈福、剃頭、解除、出行、問名、訂盟、提親、動土、安床、移徙、入宅、安香	蛇 57	西南	正東	廚灶床外東北	虎
5	五	驚蟄	正月廿二	壬子	未巳	卯辰巳申	節前宜：祭祀、祈福、開光、解除、會親友、出行、沐浴、動土、安床、破土　節後宜：開市、嫁娶	馬 56	正南	正東	倉庫碓外東北	牛
6	六		正月廿三	癸丑	巳時	子卯巳酉	●忌：安葬　宜：祭祀、祈福、開光、解除、會親友、求醫治病、出行、沐浴、問名、訂盟、提親、動土、安床、破土、嫁娶	羊 55	正南	正南	房床廁外東北	鼠
7	日	勿探病	正月廿四	甲寅	卯酉	丑寅午未	●忌：開光、火化、安葬　宜：裁衣、安機械、動土、上樑、安床灶、立券、交易、納財、入殮、破土	猴 54	東北	東南	占門爐外東北	豬
8	一	勿探病 婦女節	正月廿五	乙卯	寅戌	卯未申戌	●忌：動土、破土　宜：祭祀、裁衣、會親友、出行、立券、交易	雞 53	西北	正西	碓磨門外正東	狗
9	二		正月廿六	丙辰	丑亥	巳午申酉	●忌：作灶　◎日值受死日忌諸吉事　宜：解除、沐浴	狗 52	西南	正西	廚灶栖外正東	雞
10	三		正月廿七	丁巳	丑時	丑巳午申	宜：解除、問名、訂盟、提親、裁衣、會親友、安機械、上樑、立券、交易、納財、入宅、安香、開市	豬 51	正南	正西	倉庫床外正東	猴
11	四		正月廿八	戊午	酉卯	寅卯巳午未	宜：祭祀、開光、祈福、出行、問名、訂盟、提親、納采、安床、會親友、安機械、上樑	鼠 50	東南	正北	房床碓外正東	羊
12	五		正月廿九	己未	戌寅	子卯巳午	宜：祭祀、開光、祈福、解除、剃頭、問名、訂盟、提親、出行、動土、上樑、安床灶、移徙、入宅、安香、開市、立券、交易、納財、入殮、謝土	牛 49	東北	正北	占門廁外正東	馬
13	六		二月初一	庚申	酉卯	辰巳未申	宜：祭祀、解除、沐浴、破土、火化、安葬、謝土	虎 48	西北	正東	碓磨爐外東南	蛇
14	日		二月初二	辛酉	酉卯	丑寅辰巳	宜：破屋壞垣	兔 47	西南	正東	廚灶門外東南	龍
15	一		二月初三	壬戌	未巳	寅卯巳午	宜：問名、訂盟、提親、納采、裁衣、嫁娶、動土、安床灶、入殮、破土	龍 46	正南	正南	倉庫栖外東南	兔

	30	29	28	27	26	25	24	23	22	21	20	19	18	17	16	15
星期	五	四	三	二	一	日	六	五	四	三	二	一	日	六	五	四
備註							勿探病				穀雨					
農曆	三月十九	三月十八	三月十七	三月十六	三月十五	三月十四	三月十三	三月十二	三月十一	三月初十	三月初九	三月初八	三月初七	三月初六	三月初五	三月初四
干支	戊申	丁未	丙午	乙巳	甲辰	癸卯	壬寅	辛丑	庚子	己亥	戊戌	丁酉	丙申	乙未	甲午	癸巳
時	未丑	酉亥	亥酉	子申	丑未	卯巳	巳卯	午寅	未丑		未寅	戌子	子戌	酉時	寅申	辰午
吉時	丑辰巳午	卯巳午酉	巳未酉戌	寅卯申酉	寅卯申酉	卯巳未戌	子卯巳午	寅卯午申	辰未申酉	寅卯午未	卯巳午未	辰巳午酉	辰巳午酉	子寅卯午	寅卯未戌	子丑卯巳
宜忌	●宜：祭祀、開市、交車、入殮　忌：納采、開光、嫁娶、祈福、解除、交易、納財、沐浴	◎麒麟日　宜：祭祀、平治道塗、修飾垣牆、入殮、破土、火化、安葬、謝土	●忌：嫁娶　宜：開市、交車、入殮、問名、訂盟、提親、納采、會親友、安床、沐浴	宜：開光、剃頭、安床、作灶　忌：出行、安床、剃頭、問名、訂盟、提親、納采、嫁娶、會親友、安床、沐浴	●宜：安葬、修飾垣牆　忌：出行、開光、解除、剃頭、移徙、入宅、安香	宜：出行、裁衣、嫁娶、安床灶、立券、交易、交車、入殮、火化、安葬	●宜：納財、破土　忌：開光、解除、會親友、裁衣、上樑、安床、開市、立券、交易、作灶	◎宜：祭祀、納財　日值季月紅紗正煞，宜事少取	宜：會親友、開光、祈福、解除、剃頭、問名、訂盟、提親、納采、裁衣、嫁娶、納財、入殮　忌：破土、入殮、安葬、謝土	宜：沐浴	宜：祭祀、沐浴、解除、破屋壞垣	◎鳳凰日　宜：出行、沐浴、祈福、解除、問名、訂盟、提親、納采、裁衣、嫁娶、移徙、入宅	宜：祭祀、會親友、裁衣、開市、入殮、破土、火化、安葬、謝土　忌：安床	●忌：安葬、平治道塗　宜：剃頭、會親友、動土、安床、開市、入殮、火化、安葬	●宜：提親、納采、裁衣、動土、移徙、上樑、安床　忌：上樑	●宜：開光、解除、剃頭、會親友、求醫治病、沐浴、問名、訂盟　忌：出火、納采、裁衣、嫁娶、入宅、安葬
沖煞	虎 60	牛 61	鼠 62	豬 63	狗 64	雞 65	猴 66	羊 67	馬 68	蛇 69	龍 10	兔 11	虎 12	牛 13	鼠 14	豬 15
方位	東南	正南	西南	西北	東北	東南	正南	西南	西北	東北	東南	正南	西南	西北	東北	東南
方位	正北	正西	正西	東南	東南	正南	正南	正東	正東	正北	正北	正西	正西	東南	東南	正南
胎神	房床爐／房內東	倉庫廁／房內東	廚灶碓／房內東	碓磨床／房內東	門雞栖／房內東	房床門／房內南	倉庫爐／房內南	廚灶廁／房內南	占碓磨／房內南	占門床／房內南	房床栖／房內南	倉庫門／房內北	廚灶爐／房內北	碓磨廁／房內北	占門碓／房內北	占房床／房內北
生肖	蛇	馬	羊	猴	雞	狗	豬	鼠	牛	虎	兔	龍	蛇	馬	羊	猴

四月

國曆 四月	14	13	12	11	10	9	8	7	6	5	4	3	2	1
星期	三	二	一	日	六	五	四	三	二	一	日	六	五	四
節日										清明節	兒童節 勿探病			勿探病
農曆	三月初三	三月初二	三月初一	二月三十	二月廿九	二月廿八	二月廿七	二月廿六	二月廿五	二月廿四	二月廿三	二月廿二	二月廿一	二月二十
干支	壬辰	辛卯	庚寅	己丑	戊子	丁亥	丙戌	乙酉	甲申	癸未	壬午	辛巳	庚辰	己卯
每日登貴	午辰	未卯	寅時	酉丑	申寅	子戌		丑酉	申時			未卯	申寅	丑時
每日吉時	卯巳申酉	寅午未申	午未酉戌	巳午申酉	丑辰巳未	寅卯午未	卯巳午酉	丑寅辰巳	卯辰巳未	卯巳午未	寅卯巳未	寅午申酉	丑未申酉	子午未申
宜忌	●宜：祭祀　忌：破土、出行、動土、安葬、嫁娶、安床、立券、交易、納財、交車	●忌：開光、謝土	●忌：祭祀、破土　宜：祭祀、祈福、裁衣、嫁娶、安床灶、入殮、破土、火化、安葬、動土	◎日值季月紅紗正煞，宜事少取　宜：開光、解除、會親友、出行、問名、訂盟、提親、納采、裁衣	●宜：祭祀、祈福、剃頭、問名、訂盟、提親、納采、裁衣、安床灶、開市、立券、納財、動土	宜：沐浴	◎日值月破大耗日，宜事少取　宜：解除、沐浴、破土、破屋壞垣	●忌：動土、破土　宜：祭祀、開光、交易、入殮、破土、安葬、謝土	宜：立券、嫁娶、開光、求醫治病、入殮、安機械、出火、上樑、安床灶、移徙、入宅	宜：祭祀、作灶、平治道塗	◎節後屬陰時故不取　節前宜：祭祀、修飾垣牆、平治道塗　●宜：嫁娶	●宜：開光、會親友　忌：祭祀、修飾垣牆、平治道塗	●宜：祭祀、解除、剃頭、沐浴	◎麒麟日　●宜：祭祀、出行、嫁娶　忌：作灶、動土、破土
每日沖生肖	狗16	雞17	猴18	羊19	馬20	蛇21	龍22	兔23	虎24	牛25	鼠26	豬27	狗28	雞29
喜神	正南	西南	西北	東北	東南	正南	西南	西北	東北	東南	正南	西南	西北	東北
財神	正南	正東	正東	正北	正北	正西	正西	東南	東南	正南	正南	正東	正東	正北
每日胎神占方	外正北 倉庫栖	外正北 廚灶門	外正北 碓磨爐	外正北 占門廁	外正北 房床碓	外西北 倉庫床	外西北 廚灶栖	外西北 碓磨門	外西北 占門爐	外西北 房床廁	外西北 倉庫碓	外正西 廚灶栖	外正西 碓磨栖	外正西 占大門
每日福星	雞	狗	豬	鼠	牛	虎	兔	龍	蛇	馬	羊	猴	雞	狗

31	30	29	28	27	26	25	24	23	22	21	20	19	18	17	16
一	日	六	五	四	三	二	一	日	六	五	四	三	二	一	日
勿探病									勿探病	小滿					
四月二十	四月十九	四月十八	四月十七	四月十六	四月十五	四月十四	四月十三	四月十二	四月十一	四月初十	四月初九	四月初八	四月初七	四月初六	四月初五
己卯	戊寅	丁丑	丙子	乙亥	甲戌	癸酉	壬申	辛未	庚午	己巳	戊辰	丁卯	丙寅	乙丑	甲子
未亥		申戌	戌申	亥未	子午	寅辰	辰時	巳時	午時	未子	未丑	亥時	亥酉	子申	丑未
子午未申	丑巳午未	巳午酉亥	丑辰巳申	寅卯未申	寅卯午未	子丑辰巳	子卯辰巳	寅卯午申	丑寅未申	巳午申酉	巳未申戌	巳午未戌	巳午酉戌	寅卯巳申	卯辰未申
●宜：納采　忌：安葬、裁衣、開光、會親友、祈福、安床、出行、剃頭、開市、立券、求醫治病、問名、納財、訂盟、交易、提親		●火化、安葬、謝土　宜：祭祀、開光、祈福、求醫治病、動土、上樑、安床、立券、交易、納財、入殮、破土、裁衣、會親友、安機械、動土、安葬、謝土　忌：入宅、出行、嫁娶	●上樑、安床、移徙、入宅　宜：祭祀、解除、沐浴、出行、裁衣、會親友、出火、動土　忌：安葬、安香	◎日值月破大耗日，宜事少取	◎台灣可見月全食，宜事不取	宜：沐浴、平治道塗、入殮、破土、火化、安葬　忌：安床	宜：祭祀、開市、納財、安葬　◎鳳凰日	●灶　宜：開光、問名、訂盟、提親、納采、裁衣、嫁娶、會親友、安床　忌：祭祀、祈福、出行、沐浴、剃頭、求醫治病、動土、上樑、入殮、破土、火化、安葬、入宅、安香、謝土	●謝土　忌：入宅　宜：祭祀、解除、會親友、出行、沐浴、剃頭、嫁娶、裁衣、求醫治病、動土、上樑、入殮、破土、火化、安葬、納采、會親友、問名、訂盟、提親		宜：祭祀、出行、會親友、安床灶、移徙、入宅、安香、破土	●解除、問名、訂盟、提親、納采　宜：祭祀、開光、祈福、求醫治病、問名、訂盟、提親、納采、出行、安香　忌：安葬、安床、立券、交易、交車、出行、動土	●謝土　忌：上樑　宜：祭祀、開光、祈福、解除、開市、立券、交易、納財、入殮、破土、火化、安葬、求醫治病、動土、上樑、會親友	宜：安香、沐浴、會親友、開光、祈福、剃頭、問名、訂盟、提親、納采、裁衣、嫁娶、入殮、出火、動土、上樑、安床灶、移徙、入宅　忌：安葬	宜：沐浴、會親友、開光、祈福、剃頭、問名、訂盟、提親、納采、裁衣、嫁娶、入殮、出火、動土、上樑、安床灶、移徙、入宅、安香、破土、火化、安葬
雞29	猴30	羊31	馬32	蛇33	龍34	兔35	虎36	牛37	鼠38	豬39	狗40	雞41	猴42	羊43	馬44
東北	東南	正南	西南	西北	東北	東南	正南	西南	西北	東北	東南	正南	西南	西北	東北
正北	正北	正西	正西	東南	東南	正南	正南	正東	正東	正北	正北	正西	東南	東南	東南
外正西 占大門	外正西 房床爐	外正西 倉庫爐	外正西 倉庫廁	外西南 廚灶碓	外西南 門雞栖	外西南 房床門	外西南 倉庫爐	外西南 廚灶廁	外正南 占碓磨	外正南 占門床	外正南 占門栖	外正南 倉庫門	外正南 廚灶爐	外東南 碓磨門	外東南 占門碓
狗	豬	鼠	牛	虎	兔	龍	蛇	馬	羊	猴	雞	狗	豬	鼠	牛

15	14	13	12	11	10	9	8	7	6	5	4	3	2	1	國曆 五月
六	五	四	三	二	一	日	六	五	四	三	二	一	日	六	星期
						母親節		勿探病	勿探病	立夏				勞動節	節日
四月初四	四月初三	四月初二	四月初一	三月三十	三月廿九	三月廿八	三月廿七	三月廿六	三月廿五	三月廿四	三月廿三	三月廿二	三月廿一	三月二十	農曆
癸亥	壬戌	辛酉	庚申	己未	戊午	丁巳	丙辰	乙卯	甲寅	癸丑	壬子	辛亥	庚戌	己酉	干支
巳卯	午寅	未丑	申子	未丑		亥酉		子申		卯巳	巳卯		未丑	申子	每日登貴
子寅卯未	寅卯巳午	丑寅辰巳	辰巳未申	子卯巳午	寅巳午未	丑巳午申	巳午申酉	卯未申酉	丑寅午未	子卯巳酉	卯辰巳申	寅卯午未	寅卯午未	辰巳午申	每日吉時
宜：祭祀、破屋壞垣	治病、出火、動土、上樑、提親、安床、納采、裁衣、入宅、嫁娶、安香、入殮、求醫、火化、安葬	●忌：開市　安香、立券、交易、納財、入殮、破土、火化、安葬、謝土、安床、納采、裁衣、嫁娶、解除、出行、沐浴、剃頭、問名、訂盟、提親、移徙、入宅	◎麒麟日　宜：祭祀、開光、祈福、解除、裁衣、動土、上樑、安床灶、移徙、入宅、破土、火化、安葬、納財、平治道塗、修飾垣牆、出行、開市、立券、交易	●忌：作灶　宜：祭祀、祈福、安葬	●謝土　裁衣、嫁娶、開光、沐浴、出行、剃頭、求醫治病、問名、訂盟、提親、移徙、入宅、火化、安葬		●交易　忌：安葬　宜：祭祀、祈福、會親友、動土、安床、破土	嫁娶　宜：祭祀、解除、沐浴、裁衣、安床、求醫治病、問名、訂盟、提親、納采、裁衣	●安灶　忌：諸吉事　節後宜：祭祀　◎日值季月紅紗正煞，宜事少取	節前宜：祭祀　宜：開光、開市、立券、交易、會親友、納財、入殮、破土、火化、安葬	●忌：沐浴　宜：祭祀、解除、沐浴、裁衣、安床、會親友、求醫治病、安機械、動土、上樑、入殮、破土、火化、安葬	◎日值月破大耗日，宜事少取	宜：祭祀、解除、裁衣、沐浴、求醫治病、破屋壞垣	●土　忌：破土　宜：祭祀、開光、祈福、安床灶、解除、裁衣、沐浴、剃頭、移徙、入宅、入殮、火化、安葬、求醫治病、安	宜忌
蛇 45	龍 46	兔 47	虎 48	牛 49	鼠 50	豬 51	狗 52	雞 53	猴 54	羊 55	馬 56	蛇 57	龍 58	兔 59	每日沖煞生肖
東南	正南	西南	西北	東南	東南	正南	西南	西北	東北	東南	正南	西南	西北	東北	喜神
正南	正南	正東	正北	正北	正北	正西	正西	正西	東南	正南	正南	正東	正東	正北	財神
外東南 占房床	外東南 倉庫栖	外東南 廚灶門	外東南 碓磨爐	外正東 占門廁	外正東 房床碓	外正東 倉庫床	外正東 廚灶栖	外正東 碓磨門	外東北 占門爐	外正南 房床廁	外東北 倉庫碓	外東北 廚灶床	外正北 碓磨栖	外東北 占大門	每日胎神占方
虎	兔	龍	蛇	馬	羊	猴	雞	狗	豬	鼠	牛	虎	兔	龍	每日福星

30	29	28	27	26	25	24	23	22	21	20	19	18	17	16	15
三	二	一	日	六	五	四	三	二	一	日	六	五	四	三	二
							勿探病		夏至						
五月廿一	五月二十	五月十九	五月十八	五月十七	五月十六	五月十五	五月十四	五月十三	五月十二	五月十一	五月初十	五月初九	五月初八	五月初七	五月初六
己酉	戊申	丁未	丙午	乙巳	甲辰	癸卯	壬寅	辛丑	庚子	己亥	戊戌	丁酉	丙申	乙未	甲午
午戌	巳亥	未酉	酉戌	戌午	亥巳		卯丑	辰子	亥時	未亥	午子	申戌	戌申	亥未	午時
辰巳午申	丑辰巳申	卯巳午酉	巳未酉戌	寅卯申酉	寅未申酉	卯巳未戌	子卯巳午	寅巳午申	辰未申酉	寅卯午未	卯巳午未	辰巳午酉	辰巳午酉	子寅卯午	寅卯未戌
宜：祭祀、沐浴、剃頭、平治道塗、修飾垣牆	●忌：安床 宜：開光、解除、沐浴、立券、交易、納財、交車、出行、裁衣、剃頭、安葬、移徙、入宅	宜：祭祀、入殮、火化、安葬、謝土	●宜：作灶	●忌：祭祀、祈福、動土、安葬、安床 宜：提親、開光、納采、裁衣、嫁娶、安機械、出火、動土、上樑、安床灶、移徙、入宅	宜：祭祀、開光、納采、祈福、解除、會親友、出行、問名、訂盟、提親	宜：祭祀、作灶	宜：會親友、開光、立券、交易、納財、裁衣、求醫治病、入殮、破土、火化、安葬	宜：祭祀、開光、祈福、提親、納采、安床、入殮、破土、火化、安葬	宜：破屋壞垣	◎鳳凰日 ●忌：安葬 宜：祭祀、開光、剃頭、沐浴、裁衣	●忌：作灶 宜：祭祀、祈福、會親友、出行、剃頭、問名、訂盟、提親、納采、立券、交易、納財、交車、入殮、火化、安葬、謝土	宜：開光、解除、出行、會親友、沐浴、剃頭、問名、訂盟、提親	●忌：作灶 宜：祭祀、祈福、會親友、出火、動土、安床、入宅、安香、開市、出行、剃頭、問名、訂盟、提親、納采	●忌：動土、破土、開光 宜：祭祀、入殮、火化、安葬、謝土	●宜：祭祀、入殮、火化、安葬、謝土
兔59	虎60	牛61	鼠62	豬63	狗64	雞65	猴66	羊67	馬68	蛇69	龍10	兔11	虎12	牛13	鼠14
東北	東南	正南	西南	西北	東北	東南	正南	西南	西北	東北	東南	正南	西南	西北	東北
正北	正北	正西	正西	東南	東南	正南	正南	正東	正東	正北	正北	正西	正西	東南	東南
外東北 占大門	房床爐 房內東	房倉庫 房內東	房內碓 房內東	碓磨床 房內東	門雞栖 房內南	房門 房內南	倉庫 房內南	廚灶 房內南	占碓 房內南	占門床 房內南	房床 房內南	倉庫門 房內北	廚灶爐 房內北	碓磨 房內北	占門碓 房內北
龍	蛇	馬	羊	猴	雞	狗	豬	鼠	牛	虎	兔	龍	蛇	馬	羊

六月

項目	14	13	12	11	10	9	8	7	6	5	4	3	2	1
國曆	14	13	12	11	10	9	8	7	6	5	4	3	2	1
星期	一	日	六	五	四	三	二	一	日	六	五	四	三	二
節日	端午節									芒種		勿探病		
農曆	五月初五	五月初四	五月初三	五月初二	五月初一	四月廿九	四月廿八	四月廿七	四月廿六	四月廿五	四月廿四	四月廿三	四月廿二	四月廿一
干支	癸巳	壬辰	辛卯	庚寅	己丑	戊子	丁亥	丙戌	乙酉	甲申	癸未	壬午	辛巳	庚辰
每日登貴	寅辰	辰寅		午子	亥時		申戌	戌申	亥未	子午		辰寅	巳丑	午子
每日吉時	子丑卯巳	卯巳申酉	寅午未申	午未酉戌	巳午申酉	丑辰巳未	寅卯午未	卯巳午酉	丑寅辰巳	卯辰巳未	卯巳午未	寅卯申酉	寅卯申酉	丑未申酉
宜忌	●宜： 忌：安葬、裁衣、嫁娶、安床灶、移徙、入宅、破土	宜：祭祀、開光、解除、沐浴、剃頭、問名、安機械、訂盟、提親、納采、裁衣、動土	●宜：入宅 忌：祭祀	宜：會親友、開光、出行、剃頭、安床灶、入殮、破土、火化、安葬	◎宜：日環食台灣不可見，宜事照常	宜：破屋壞垣	◎宜：祭祀、沐浴（麒麟日）	●宜：作灶 忌：會親友、納財、交車、出行	宜：祭祀、嫁娶、解除、剃頭、作灶、平治道塗、修飾垣牆	節後宜：解除、出行、沐浴、剃頭、入殮、火化、安葬 節前宜：沐浴、平治道塗、入殮、破土、火化、安葬	宜：嫁娶、會親友	◎日值受死日忌諸吉事	●宜：祭祀、祈福、解除、會親友、出行、沐浴、剃頭、入宅、開市、立券、交易 忌：破土、動土	宜：祭祀、祈福、出行、裁衣、嫁娶、會親友、出行、動土、上樑、安香、立券、交易、交車、入殮、破土、火化
每日沖煞生肖	豬15	狗16	雞17	猴18	羊19	馬20	蛇21	龍22	兔23	虎24	牛25	鼠26	豬27	狗28
喜神	東南	正南	西南	西北	東北	東北	正南	西南	西北	西北	東南	正南	西南	西北
財神	正南	正南	正東	正東	正北	正北	正西	正西	東南	東南	正南	正南	正東	正東
每日胎神占方	占房床房內北	倉庫栖外正北	廚灶門外正北	碓磨爐外正北	占門廁外正北	房床碓外西北	倉庫床外西北	廚灶栖外西北	碓磨門外西北	占門爐外西北	房床廁外西北	倉庫碓外西北	廚灶床外正西	碓磨栖外正西
每日福星	猴	雞	狗	豬	鼠	牛	虎	兔	龍	蛇	馬	羊	猴	雞

31	30	29	28	27	26	25	24	23	22	21	20	19	18	17	16
六	五	四	三	二	一	日	六	五	四	三	二	一	日	六	五
	勿探病								大暑	中伏 勿探病					
六月廿二	六月廿一	六月二十	六月十九	六月十八	六月十七	六月十六	六月十五	六月十四	六月十三	六月十二	六月十一	六月初十	六月初九	六月初八	六月初七
庚辰	己卯	戊寅	丁丑	丙子	乙亥	甲戌	癸酉	壬申	辛未	庚午	己巳	戊辰	丁卯	丙寅	乙丑
巳時	辰戌	午申	申時	酉時	戌時	戌時	子寅	子時	辰子	巳亥	午戌	巳亥	未時	酉未	戌午
丑未申酉	子午未申	丑巳午未	巳午酉亥	丑辰巳申	寅卯未申	寅卯午未	子丑辰巳	子卯辰巳	寅卯午申	丑寅未酉	巳午申酉	巳未申酉	巳午未戌	巳午酉戌	寅卯巳申
宜：祭祀、作灶、納財	●忌：入宅／宜：納采、裁衣、安機械、祈福、解除、會親友、問名、訂盟、提親、入殮、火化、安葬	●忌：上樑、開市／宜：出火、安床灶、移徙、入宅、安香、修飾垣牆、入殮、火化、安葬	◎日值月破大耗會正紅紗煞，宜事少取	宜：開光、出行、剃頭、會親友、問名、訂盟、提親、納采、嫁娶	宜：祭祀、求醫治病、破屋壞垣	●忌：安葬／宜：裁衣、安機械、出火、上樑、安床灶、移徙、入宅、安香、開市、立券	宜：祈福、出行、裁衣、安床、開市、納財、交車、入殮、火化	宜：沐浴、剃頭、會親友、解除、求醫治病、嫁娶、開市、入殮	●忌：作灶／宜：祭祀、祈福、解除、會親友、問名、訂盟、提親、納采	宜：入殮、破土、火化、安葬	●忌：動土、安床／宜：祭祀、裁衣、剃頭、會親友、問名、訂盟、提親、納采、嫁娶、出火、安香、納財	◎鳳凰日／宜：祭祀、祈福、會親友、出行、求醫治病、問名、訂盟、提親、裁衣、安床、移徙、入宅、安香、納財	宜：開光、出行、會親友、問名、訂盟、提親、納采、動土、上樑、安床、移徙、入宅、安香、火化、安葬	宜：開光、出行、會親友、問名、訂盟、提親、納采、裁衣、嫁娶、移徙、安香、開市、立券、火化、安葬	◎日值月破大耗會壞垣，宜事少取
狗 28	雞 29	猴 30	羊 31	馬 32	蛇 33	龍 34	兔 35	虎 36	牛 37	鼠 38	豬 39	狗 40	雞 41	猴 42	羊 43
西北	東北	東南	正南	西南	西北	東北	東南	正南	西南	西北	東北	東南	正南	西南	西北
正東	正北	正北	正西	正西	東南	東南	正南	正南	正東	正東	正北	正北	正西	正西	東南
碓磨栖外正西	占大門外正西	房床廁外正西	倉庫門外正西	廚灶碓外西南	碓磨栖外西南	門雞栖外西南	房床門外西南	倉庫爐外西南	廚灶廁外正南	占門床外正南	占門碓外正南	房床栖外正南	倉庫門外正南	廚灶爐外正南	碓磨廁外東南
雞	狗	豬	鼠	牛	虎	兔	龍	蛇	馬	羊	猴	雞	狗	豬	鼠

項目	15	14	13	12	11	10	9	8	7	6	5	4	3	2	1
國曆	15	14	13	12	11	10	9	8	7	6	5	4	3	2	1
星期	四	三	二	一	日	六	五	四	三	二	一	日	六	五	四
節日					初伏				小暑	勿探病	勿探病				
農曆	六月初六	六月初五	六月初四	六月初三	六月初二	六月初一	五月三十	五月廿九	五月廿八	五月廿七	五月廿六	五月廿五	五月廿四	五月廿三	五月廿二
干支	甲子	癸亥	壬戌	辛酉	庚申	己未	戊午	丁巳	丙辰	乙卯	甲寅	癸丑	壬子	辛亥	庚戌
每日登貴	亥巳		辰子		巳亥	午戌	巳亥	未酉	酉未	戌午	亥巳	丑卯	卯丑	辰子	巳亥
每日吉時	卯辰未申	子寅卯未	寅卯巳午	丑寅辰巳	辰巳未申	子卯巳午	寅巳午未	丑巳午申	巳午申酉	卯未申戌	丑寅午未	子寅巳酉	卯辰巳申	寅卯午未	寅卯午未
宜忌	宜：納采、裁衣、祈福、解除、會親友、沐浴、破土、火化、安葬、謝土、剃頭、問名、訂盟、提親、	●宜：祭祀、沐浴　忌：安葬	宜：祭祀、嫁娶	●忌：動土、入宅　宜：開光、裁衣、嫁娶、安床、立券、交易、納財、入殮、火化、安葬	●忌：開市　宜：祭祀、出行、納財、交車	◎宜：祭祀　日值受死日忌諸吉事	宜：上樑　●忌：會親友、求醫治病	宜：開光、會親友、求醫治病	節前宜：祭祀、作灶　節後宜：開市、立券、交易、納財	◎宜：祭祀、問名、動土、上樑、安床灶、開市、納財　麒麟日	◎宜：開市　日值破大耗日，宜事少取	●忌：剃頭、安床灶　宜：祭祀、祈福、沐浴、動土、上樑、移徙、問名、訂盟、提親、納采、裁衣、	●忌：安葬　宜：開光、出行、剃頭、問名、訂盟、提親、納采、裁衣、安床灶、移徙、入宅、安香、立券、交易、納財、入殮、破土、	●忌：開光　宜：祭祀、祈福、出火、動土、上樑、移徙、入宅、安香、納采、裁衣、立券、交易、	●忌：納財、交車　宜：嫁娶、出行、問名、訂盟、提親、納采、裁衣、安床、立券、交易、
每日沖煞生肖	馬44	蛇45	龍46	兔47	虎48	牛49	鼠50	豬51	狗52	雞53	猴54	羊55	馬56	蛇57	龍58
喜神	東北	東南	正南	西南	西北	東北	東南	正南	西南	西北	東北	東南	正南	西南	西北
財神	東南	正南	正南	正東	正北	正北	正東	正西	正西	東南	東南	正南	正南	正東	正東
每日胎神占方	外東南 占門碓	外東南 占房床	外東南 倉庫栖	外東南 廚灶門	外東南 碓磨爐	外正東 占門廁	外正東 房床碓	外正東 倉庫床	外正東 廚灶栖	外東南 碓磨門	外東南 占門爐	外東北 房床廁	外東北 倉庫碓	外東北 廚灶床	外東北 碓磨栖
每日福星	牛	虎	兔	龍	蛇	馬	羊	猴	雞	狗	豬	鼠	牛	虎	兔

31	30	29	28	27	26	25	24	23	22	21	20	19	18	17	16	15
二	一	日	六	五	四	三	二	一	日	六	五	四	三	二	一	日
								處暑	中元節 勿探病							
七月廿四	七月廿三	七月廿二	七月廿一	七月二十	七月十九	七月十八	七月十七	七月十六	七月十五	七月十四	七月十三	七月十二	七月十一	七月初十	七月初九	七月初八
辛亥	庚戌	己酉	戊申	丁未	丙午	乙巳	甲辰	癸卯	壬寅	辛丑	庚子	己亥	戊戌	丁酉	丙申	乙未
	卯酉	辰申	卯酉	巳未	未巳	申辰	酉卯	亥時		卯亥	辰戌	酉時	戌時	午申	申午	酉巳
寅卯午未	寅卯午未	辰巳午未	丑辰巳午	卯巳午酉	巳未酉戌	寅卯申酉	寅末申酉	卯巳未戌	子卯巳午	寅巳申酉	辰未申酉	寅卯午未	巳午未酉	辰巳午酉	辰巳午酉	子寅卯午
●忌：沐浴、作灶、平治道塗、修飾垣牆	●宜：會親友、開光、開市	●宜：祭祀、解除、沐浴、剃頭、入殮、破土、火化、安葬、謝土	謝土 忌：上樑	安床 宜：祭祀、開光、祈福、破土、普渡、會親友、裁衣、火化、安葬、謝土	納采 宜：祭祀、問名、訂盟、提親、納采、求醫治病、問名、訂盟、提親	立券 宜：開市、交易、納財	●忌：嫁娶	謝土 宜：入宅、安香、開市、立券、交易、納財、入殮、火化、安葬	◎宜：日值月破大耗日，宜事少取	宜：入殮、破土、火化、安葬	嫁娶 宜：開光、祈福、普渡、會親友、安床、移徙、入宅、出行、沐浴、剃頭	●忌：安葬	●忌：動土、作灶	●忌：祈福	●宜：祭祀、普渡、出行、沐浴、剃頭、裁衣、納財、交車、入殮、火化、安葬、訂盟、提親、納采、動土	●忌：上樑、嫁娶
蛇 57	龍 58	兔 59	虎 60	牛 61	鼠 62	豬 63	狗 64	雞 65	猴 66	羊 67	馬 68	蛇 69	龍 10	兔 11	虎 12	牛 13
西南	西北	東北	東南	正南	西南	西北	東北	東南	正南	西南	西北	東北	東南	正南	西南	西北
正東	正東	正北	正北	正西	正西	東南	東南	正南	正南	正東	正東	正北	正北	正西	正西	東南
廚灶床外東北	碓磨栖外東北	占大門外東北	房床爐房內東	倉庫廁房內東	廚灶碓房內東	碓磨床房內東	門雞栖房內東	房床門房內南	倉庫爐房內南	廚灶廁房內南	占碓磨房內南	占門床房內南	房床栖房內南	倉庫門房內北	廚灶爐房內北	碓磨廁房內北
虎	兔	龍	蛇	馬	羊	猴	雞	狗	豬	鼠	牛	虎	兔	龍	蛇	馬

國曆 八月	14	13	12	11	10	9	8	7	6	5	4	3	2	1
星期	六	五	四	三	二	一	日	六	五	四	三	二	一	日
節日	七夕				末伏		父親節	立秋					勿探病	
農曆	七月初七	七月初六	七月初五	七月初四	七月初三	七月初二	七月初一	六月廿九	六月廿八	六月廿七	六月廿六	六月廿五	六月廿四	六月廿三
干支	甲午	癸巳	壬辰	辛卯	庚寅	己丑	戊子	丁亥	丙戌	乙酉	甲申	癸未	壬午	辛巳
每日登貴	戌辰	子寅	寅子	卯亥			辰戌	午申	申午	酉巳	戌辰	子寅	寅時	卯時
每日吉時	寅卯未戌	子丑卯巳	卯巳申酉	寅午未申	午未酉戌	巳午申未	丑辰巳未	寅卯午未	卯巳午酉	丑寅辰巳	卯辰巳未	卯巳午未	寅卯巳未	寅午申酉
宜忌	◎宜：鳳凰日 會親友、動土、普渡、出行、安床、開市、剃頭、問名、立券、交易、訂盟、納財、提親、納采、交車、破土、裁衣、	宜：祭祀、安機械、出火、動土、上樑、安床灶、移徙、入宅、安香、立券、裁衣、	宜：祭祀、開光、解除、會親友、問名、立券、交易、納財、問名、訂盟、入宅、安香、破土、火化、入殮、	●忌：火化、安葬、謝土　宜：祭祀、祈福、解除、會親友、沐浴、剃頭、裁衣、嫁娶、破土、入殮、	宜：求醫治病、破屋壞垣	宜：祭祀、開光、祈福、普渡、會親友、剃頭、裁衣、嫁娶、破土、入殮、	●忌：破土、火化、入殮、安葬　宜：祭祀、開光、祈福、普渡、解除、會親友、動土、上樑、安床、安機械、動土、上樑、安床、安香、入殮、	節前宜：祭祀、開光、祈福、會親友、出行、裁衣、安床、上樑、移徙、出行、安香、問名、　●忌：訂盟、提親、納采、會親友、出火、　節後宜：沐浴、入宅、安葬　●忌：安葬	◎宜：祭祀　●忌：安葬　宜：解除、剃頭、會親友、沐浴、裁衣、嫁娶、安床、開市、入殮、火化、	◎宜：日值受死日忌諸吉事	宜：祭祀、入殮、破土、火化、安葬　問名、訂盟、開光、祈福、納采、求醫治病、出行、沐浴、裁衣、上樑、移徙、火化、	◎宜：麒麟日　祭祀、會親友、出行、交車	宜：祭祀、入殮、破土、火化、安葬	●忌：安葬　宜：祭祀、祈福、剃頭、求醫治病、問名、訂盟、提親、納采、開
每日沖煞生肖	鼠14	豬15	狗16	雞17	猴18	羊19	馬20	蛇21	龍22	兔23	虎24	牛25	鼠26	豬27
喜神	東北	東南	正南	西南	西北	東北	東南	正南	西南	西北	東北	東南	正南	西南
財神	東南	正南	正南	正東	正東	正北	正北	正西	正西	東南	東南	正南	正南	正東
每日胎神占方	房內北 占門碓	房內北 占房床	外正北 倉庫栖	外正北 廚灶門	外正北 碓磨爐	外正北 占門廁	外正北 房床碓	外西北 倉庫床	外西北 廚灶栖	外西北 碓磨門	外西北 占門爐	外西北 房床廁	外正西 倉庫碓	外正西 廚灶床
每日福星	羊	猴	雞	狗	豬	鼠	牛	虎	兔	龍	蛇	馬	羊	猴

30	29	28	27	26	25	24	23	22	21	20	19	18	17	16	15
四	三	二	一	日	六	五	四	三	二	一	日	六	五	四	三
		勿探病 教師節	勿探病				秋分			中秋節	勿探病				
八月廿四	八月廿三	八月廿二	八月廿一	八月二十	八月十九	八月十八	八月十七	八月十六	八月十五	八月十四	八月十三	八月十二	八月十一	八月初十	八月初九
辛巳	庚辰	己卯	戊寅	丁丑	丙子	乙亥	甲戌	癸酉	壬申	辛未	庚午	己巳	戊辰	丁卯	丙寅
丑酉	寅申	卯未	寅時	辰午		未卯	申寅		丑亥		卯酉	辰申	卯酉		未巳
寅午申酉	丑未申酉	子午未申	巳午未	巳午酉亥	丑辰巳申	寅卯未申	寅卯午未	子丑辰巳	子卯辰巳	寅卯未申	丑寅未申	巳午申酉	巳未申戌	巳午酉戌	巳午酉戌
宜：祭祀、開光、祈福、剃頭、會親友、求醫治病、問名、訂盟、安床灶、移徙、提親、入宅、納采、裁衣、開市、立券、交易、納財、出火、動土、上樑、	●忌：破土、安葬、火化、　宜：祭祀、開光、祈福、解除、會親友、出行、剃頭、裁衣、移徙、入宅、開市、立券、交易、納財、出火、動土、上樑、安床灶、	◎日值月破大耗日，宜事少取　宜：求醫治病、破屋壞垣、	◎宜：開光、解除、會親友、出行、祈福、問名、訂盟、提親、納采、裁衣、動土、上樑、安床、移徙、入宅、破土、安葬、謝土、	宜：開光、祈福、出行、會親友、安機械、出火、動土、上樑、安床、入殮、破土、安葬、謝土、	●忌：嫁娶、　宜：祭祀、開光、沐浴、修飾垣牆、平治道塗	●灶　宜：開光、解除、出行、沐浴、會親友、問名、訂盟、提親、納采、裁衣、嫁娶、安床、	宜：祭祀、解除、沐浴、剃頭、提親、納財、入殮、破土、動土、	◎日值四離日，宜事少取	●忌：安葬　宜：祭祀、沐浴、裁衣、安機械、動土、上樑、納財、入殮、破土、火化、	●宜：祭祀　忌：出火、動土、移徙、入宅	●宜：祭祀、剃頭、裁衣、嫁娶	●財　宜：祭祀、開光、祈福、會親友、求醫治病、裁衣、嫁娶、安床灶、出火、動土、上樑、移徙、入宅、開市、立券、交易、納	宜：祭祀、出行、剃頭、求醫治病、破屋壞垣	宜：祭祀、沐浴、求醫治病、破屋壞垣	●宜：沐浴、會親友、作灶、入宅、火化、嫁娶、　忌：安床、
豬27	狗28	雞29	猴30	羊31	馬32	蛇33	龍34	兔35	虎36	牛37	鼠38	豬39	狗40	雞41	猴42
西南	西北	東北	東南	正南	西南	西北	東北	東南	正南	西南	西北	東北	東南	正南	西南
正東	正東	正北	正北	正西	正西	東南	東南	正南	正南	正南	正東	正北	正北	正西	正西
外廚灶床正西	外碓磨栖正西	外占大門正西	外房床栖正南	外倉庫廁正西	外廚灶碓西南	外碓磨床西南	外門雞栖西南	外房床門西南	外倉庫爐西南	外廚灶廁西南	外占碓磨正南	外占門床正南	外房床栖正南	外倉庫門正南	外廚灶爐正南
猴	雞	狗	豬	鼠	牛	虎	兔	龍	蛇	馬	羊	猴	雞	狗	豬

九月

項目	14	13	12	11	10	9	8	7	6	5	4	3	2	1
國曆	14	13	12	11	10	9	8	7	6	5	4	3	2	1
星期	二	一	日	六	五	四	三	二	一	日	六	五	四	三
節日								白露			勿探病	勿探病		
農曆	八月初八	八月初七	八月初六	八月初五	八月初四	八月初三	八月初二	八月初一	七月三十	七月廿九	七月廿八	七月廿七	七月廿六	七月廿五
干支	乙丑	甲子	癸亥	壬戌	辛酉	庚申	己未	戊午	丁巳	丙辰	乙卯	甲寅	癸丑	壬子
每日登貴	申辰	酉卯	亥丑	丑亥	寅戌	卯酉	辰申	卯酉	巳未	未巳	申辰		亥丑	丑亥
每日吉時	寅卯巳申	卯辰未申	子寅卯未	寅卯巳午	丑寅辰巳	辰巳午未	子卯巳午	寅巳午未	丑巳午申	巳午申酉	丑寅午未	丑寅午酉	子卯巳未	卯辰巳申
宜忌	宜：訂盟、提親、納采、開光、祈福、解除、沐浴、剃頭、會親友、出行、問名、裁衣、嫁娶、安機械、出火、動土、上樑、安床灶、破土、火化、安葬、移徙、入宅、開市、立券、交易、納財、交車、入殮、謝土	●忌：嫁娶　宜：祭祀、開光、沐浴、出火、入宅、開市、立券、交易、納財、交車	●忌：安葬　宜：開光、解除、沐浴、剃頭、訂盟、納采、嫁娶、安床	◎鳳凰日　忌：豎造全章　宜：祭祀、解除、沐浴、剃頭、安機械、作灶、開市	●忌：作灶　宜：祭祀、祈福、出行、沐浴、交易、交車	●忌：開市　宜：出行、安香、立券、交易、納財、入殮、破土、火化、安葬	宜：出行、沐浴、剃頭、裁衣、嫁娶、出火、動土、上樑、安床、移徙、入宅	節後宜：祭祀　節前宜：祭祀、普渡、解除　●宜：提親、納采、嫁娶、普渡、入宅、安香、會親友、出行、問名、訂盟	宜：祭祀、祈福、移徙、解除、會親友、問名、納采、裁衣、嫁娶、安機械、出火、動土、上樑、安床、開市、立券、交易、納財	●忌：作灶　宜：祭祀、嫁娶、開光、普渡、入宅、安香、動土、求醫治病、問名、提親、訂盟、安床、破土、火化、安葬、謝土	◎麒麟日　宜：裁衣、嫁娶、開市、入殮、納財、會親友、普渡、納采、破土、火化、安葬、謝土	◎破屋壞垣　日值月破大耗日，宜事少取	宜：祭祀、普渡、解除、入殮、破土、火化、安葬	●忌：作灶　宜：祭祀、開光、祈福、問名、訂盟、提親、納采、裁衣、安機械、動土、上樑、安床、安葬、入殮、謝土
每日沖煞生肖	羊43	馬44	蛇45	龍46	兔47	虎48	牛49	鼠50	豬51	狗52	雞53	猴54	羊55	馬56
喜神	西北	東北	東南	正南	西南	西北	東北	東南	正南	西南	西北	東北	東南	正南
財神	東南	東南	正南	正南	正東	正東	正北	正北	正西	正西	東南	東南	正南	正南
每日胎神占方	外碓磨廁東南	外占門碓東南	外占房床東南	外倉庫栖東南	外廚灶門東南	外碓磨爐東南	外占門廁正東	外房床碓正東	外倉庫床正東	外廚灶栖正南	外碓磨門正東	外占門爐東北	外房床廁東北	外倉庫碓東北
每日福星	鼠	牛	虎	兔	龍	蛇	馬	羊	猴	雞	狗	豬	鼠	牛

31	30	29	28	27	26	25	24	23	22	21	20	19	18	17	16	15
日	六	五	四	三	二	一	日	六	五	四	三	二	一	日	六	五
						台灣光復節		霜降		勿探病						
九月廿六	九月廿五	九月廿四	九月廿三	九月廿二	九月廿一	九月二十	九月十九	九月十八	九月十七	九月十六	九月十五	九月十四	九月十三	九月十二	九月十一	九月初十
壬子	辛亥	庚戌	己酉	戊申	丁未	丙午	乙巳	甲辰	癸卯	壬寅	辛丑	庚子	己亥	戊戌	丁酉	丙申
亥酉	子申	丑未	寅午	丑未		巳卯	午寅	未寅	戌子	子戌	丑酉	寅申			辰午	午辰
卯辰巳申	寅卯午未	寅卯午未	辰巳午申	丑辰巳午	卯巳午酉	巳未酉戌	寅卯申酉	寅未申酉	卯巳未戌	子卯巳午	寅巳午申	辰未申酉	寅卯午未	卯巳午未	辰巳午酉	辰巳午酉
●安葬 宜：沐浴、剃頭、會親友、開市、立券、交易、納財、入殮、火化、求醫、 ●忌：嫁娶、作灶	宜：治病、裁衣、開光、祈福、解除、會親友、上樑、安床、出行、沐浴、剃頭	◎麒麟日 納財 忌：安葬	宜：祭祀、會親友、裁衣、訂盟、提親、納采、嫁娶、出火、上樑、移徙、入宅、安香	宜：安床、交車 忌：開市、解除、會親友、出行、沐浴、剃頭、求醫治病、	宜：祭祀	火化、安葬 ●忌：作灶 宜：安床、移徙、入宅、立券、交易、納財、入殮、火化、破土、	宜：問名、訂盟、提親、納采、裁衣、嫁娶、安機械、安床、納財	宜：祭祀、解除、沐浴、破屋壞垣	宜：祭祀、祈福、解除、會親友、出行、求醫治病、問名	◎日值受死日忌諸吉事	宜：入殮、破土、火化、安葬 ●忌：動土	宜：沐浴、剃頭、會親友、安床、開市、入殮、火化、安葬	宜：沐浴、剃頭	●謝土 忌：作灶	●安葬 宜：祭祀、沐浴、裁衣、嫁娶、安機械、入殮、破土、火化、安葬、	宜：問名、訂盟、祈福、解除、會親友、出行、沐浴、剃頭、求醫治病、入宅、安香、開市、交車、破土
馬56	蛇57	龍58	兔59	虎60	牛61	鼠62	豬63	狗64	雞65	猴66	羊67	馬68	蛇69	龍10	兔11	虎12
正南	西南	西北	東北	東南	正南	西南	西北	東北	東南	正南	西南	西北	東北	東南	正南	西南
正南	正東	正東	正北	正北	正西	正西	東南	東南	正南	正南	正東	正東	正北	正北	正西	正西
外東北倉庫碓	外東北廚灶碓	外東北碓磨栖	外東北占大門	外東北房床廁	房內東倉庫栖	房內東廚灶碓	房內東碓磨床	房內東門雞栖	房內南倉庫門	房內南廚灶爐	房內南碓磨廁	房內南占門床	房內北占大門	房內北碓磨栖	房內北倉庫門	房內北廚灶爐
牛	虎	兔	龍	蛇	馬	羊	猴	雞	狗	豬	鼠	牛	虎	兔	龍	蛇

項目	14	13	12	11	10	9	8	7	6	5	4	3	2	1
國曆	14	13	12	11	10	9	8	7	6	5	4	3	2	1
星期	四	三	二	一	日	六	五	四	三	二	一	日	六	五
節日	重陽節				雙十國慶		寒露							勿探病
農曆	九月初九	九月初八	九月初七	九月初六	九月初五	九月初四	九月初三	九月初二	九月初一	八月廿九	八月廿八	八月廿七	八月廿六	八月廿五
干支	乙未	甲午	癸巳	壬辰	辛卯	庚寅	己丑	戊子	丁亥	丙戌	乙酉	甲申	癸未	壬午
每日登貴		申寅	戌子		丑時	寅時	卯時		辰午	午午	未時	申時	戌子	戌時
每日吉時	子寅卯午	寅卯未戌	子丑卯巳	卯巳申	寅午未申	午未酉戌	巳午申酉	丑辰巳未	寅卯午未	卯巳午未	丑寅辰巳	卯辰巳未	卯巳午未	寅卯巳未
宜忌	宜：祭祀、作灶	宜：開市、立券、交易、安機械、出火、動土、上樑、安床灶、移徙、入宅、破土、火化、安葬、謝土 / 宜：剃頭、問名、訂盟、提親	●日值月破大耗日，宜事少取 / 宜：祭祀、祈福、安香、作灶	宜：問名、訂盟、提親、開光、祈福、入宅、安香、交易、納財 / ●安床 / 宜：解除、沐浴、安葬、謝土	◎忌：入殮、破土、火化、安葬 / 宜：祭祀、開光、祈福、解除、沐浴、剃頭、安床、裁衣、嫁娶、動土、上樑、安床灶、移徙、入宅、入殮	◎鳳凰日 / 忌：諸吉事	節前宜：祭祀、開光、祈福、出行、會親友、問名、訂盟、提親、納采、嫁娶、安床、入宅、安香、開市、立券、交易 / 忌：安葬 / 節後宜：豎造全章 / ◎日值季月紅紗正煞，宜事少取	●宜：嫁娶、修飾垣牆、平治道塗	●忌：安床 / 宜：開光、解除、出行、沐浴、裁衣、剃頭、會親友、問名、訂盟、納采、嫁娶、出火、上樑、安床	宜：沐浴、出行	宜：祭祀、沐浴、出行	◎日值受死日忌諸吉事 / 忌：入殮、安葬	◎忌：入殮、安葬 / 宜：祭祀	◎麒麟日 / 宜：上樑、開市 / 忌：祭祀、剃頭、會親友、入殮
每日沖生肖煞	牛 13	鼠 14	豬 15	狗 16	雞 17	猴 18	羊 19	馬 20	蛇 21	龍 22	兔 23	虎 24	牛 25	鼠 26
喜神	西北	東北	東南	正南	西南	西北	東北	東南	正南	西南	西北	東北	正南	正南
財神	東南	東南	正南	正南	正東	正東	正北	正北	正西	正西	東南	東南	正南	正南
每日胎神占方	碓磨廁房內北	房碓磨房內北	占房床房內北	占門碓外正北	廚灶栖外正北	碓磨爐外正北	占門廁外正北	房床碓外正北	倉庫床外西北	廚灶栖外西北	占大門外西北	占門爐外西北	房床廁外西北	倉庫碓外西北
每日福星	馬	羊	猴	雞	狗	豬	鼠	牛	虎	兔	龍	蛇	馬	羊

30	29	28	27	26	25	24	23	22	21	20	19	18	17	16
二	一	日	六	五	四	三	二	一	日	六	五	四	三	二
勿探病		勿探病	勿探病					小雪			下元節	勿探病		
十月廿六	十月廿五	十月廿四	十月廿三	十月廿二	十月廿一	十月二十	十月十九	十月十八	十月十七	十月十六	十月十五	十月十四	十月十三	十月十二
壬午	辛巳	庚辰	己卯	戊寅	丁丑	丙子	乙亥	甲戌	癸酉	壬申	辛未	庚午	己巳	戊辰
戌申		子午	丑巳	子午	寅辰	辰寅	丑時	午丑	酉亥	亥酉	子申	丑未		丑未
寅卯巳未	寅午申亥	丑未申酉	子午未申	丑巳午未	巳午酉亥	丑辰巳申	寅卯未午	寅卯午未	子丑辰巳	子卯辰巳	寅卯午申	丑寅未申	巳午申酉	巳未申酉
宜：祭祀、開光、祈福、解除、出行、上樑、安床灶、移徙、入宅、安香、 納采、裁衣、嫁娶、出火、動土、會親友、問名、訂盟、提親、納財、交易、交車 開市、立券、交易、納財、交車	宜：求醫治病、破屋壞垣	●火化忌：問名、訂盟、提親、納采 宜：祭祀、開光、祈福、解除、會親友、出行、沐浴、剃頭、安床灶、移徙、入宅、安香、求醫治病、安葬、 裁衣、嫁娶、出火、上樑、	宜：開光、祈福、會親友、出行、問名、訂盟、提親、納采、嫁娶、出火、上樑、安床、入殮、破土、火化、安葬、 裁衣、安機械、動土、解除、火化、安葬、謝土	宜：安機械、出火、上樑、安床、移徙、入宅、安香、 納財、交車、出行、問名、訂盟、提親、納采、開市、立券、交易、	●火化忌：作灶 宜：祭祀、祈福、嫁娶、安葬	●火化忌：動土、安葬、謝土 宜：祭祀、開光、解除、出行、問名、沐浴、嫁娶、剃頭、求醫治病、會親友、安機械、出火、動土、破土、 移徙、入宅、安香、開市、立券、交易、納財、交車、入殮、破土、	宜：祭祀、祈福、出行、問名、沐浴、出行、安葬	●入殮忌：入宅、破土、安葬 宜：祭祀、祈福、出行、問名、訂盟、提親、納采、嫁娶、動土	●安葬忌：安葬 宜：祭祀、祈福、解除、出行、沐浴、剃頭、求醫治病、裁衣、動土、 立券、交易、破土、謝土	◎日值受死沒宜事不取 宜：祭祀、沐浴	◎台灣可見月偏食，宜事不取	◎日逢真滅沒宜事不取，宜事少取 宜：祭祀、開光、祈福、解除、出行、會親友、動土、安床灶、移徙、入宅、安香、入殮、 納采、嫁娶、提親、問名、訂盟、	宜：祭祀、解除、求醫治病、破屋壞垣	宜：入殮、開光、解除、會親友、提親、納采、安床、 火化、安葬、沐浴、嫁娶、裁衣、安香
鼠26	豬27	狗28	雞29	猴30	羊31	馬32	蛇33	龍34	兔35	虎36	牛37	鼠38	豬39	狗40
正南	西南	西北	東北	東南	正南	西南	西北	東北	東南	正南	西南	西北	東北	東南
正南	正東	正東	正北	正北	正西	正西	東南	東南	正南	正南	正東	正東	正北	正北
外倉庫碓西北	外廚灶床正西	外碓磨床正西	外占大門正西	外房床栖正西	外倉庫廁正西	外廚灶碓西南	外碓磨床西南	外門雞栖西南	外房床門西南	外倉庫爐西南	外廚灶廁正南	外占碓磨正南	外占門床正南	外房床栖正北
羊	猴	雞	狗	豬	鼠	牛	虎	兔	龍	蛇	馬	羊	猴	雞

十一月

項目	1	2	3	4	5	6	7	8	9	10	11	12	13	14	15
國曆	1	2	3	4	5	6	7	8	9	10	11	12	13	14	15
星期	一	二	三	四	五	六	日	一	二	三	四	五	六	日	一
節日		勿探病	勿探病				立冬								
農曆	九月廿七	九月廿八	九月廿九	九月三十	十月初一	十月初二	十月初三	十月初四	十月初五	十月初六	十月初七	十月初八	十月初九	十月初十	十月十一
干支	癸丑	甲寅	乙卯	丙辰	丁巳	戊午	己未	庚申	辛酉	壬戌	癸亥	甲子	乙丑	丙寅	丁卯
每日登貴	酉亥	未丑		巳卯	卯巳		寅午	丑未	子申	亥酉		未丑		巳卯	卯巳
每日吉時	子卯巳酉	丑寅午未	卯未申戌	巳午申酉	丑巳午申	寅巳午未	子卯巳午	辰巳未申	丑寅辰巳	寅卯巳午	子寅卯未	卯辰未申	寅卯巳申	巳午酉戌	巳午未戌
宜忌	◎日值季月紅紗正煞，宜事少取	●忌：入殮、破土、火化、安葬	◎日值受死日忌諸吉事	◎宜：祭祀、解除、沐浴、交易、破屋壞垣	●忌：問名、訂盟、提親、納采、破屋壞垣	●日值四絕日，宜事少取	節前宜：祭祀、作灶　節後宜：祭祀、入殮、祈福、解除、會親友、問名、訂盟、提親、納采、動土、安床、破土、火化、安葬、謝土	◎鳳凰日　●忌：諸吉事	◎宜：祭祀、開光、祈福、解除、沐浴、剃頭、嫁娶、動土、安床、破土	●忌：開市　宜：裁衣、嫁娶、安床	宜：裁衣、沐浴	宜：祭祀、開光、解除、會親友、出行、沐浴、剃頭、裁衣、安床、安機械、交易、納財、求醫治病、動土、上樑、納財	●忌：開市　宜：剃頭、會親友	宜：會親友、出行、動土、上樑、修飾垣牆、入殮、破土、火化、安葬、平治道塗	宜：祭祀、祈福、會親友、出行、問名、訂盟、提親、納采、安床、移徙、入宅、安香、開市、裁衣、立券、交易、納財、交車、入殮、破土、火化、安葬、謝土
每日沖煞生肖	羊55	猴54	雞53	狗52	豬51	鼠50	牛49	虎48	兔47	龍46	蛇45	馬44	羊43	猴42	雞41
喜神	東南	東北	西北	西南	正南	東南	東北	西北	西南	正南	東南	東北	西北	西南	正南
財神	正南	東南	東南	正西	正西	正北	正北	正東	正東	正南	正南	東南	東南	正西	正西
每日胎神占方	外東北房床廁	外東北占門爐	外正東碓磨門	外正東廚灶栖	外正東倉庫床	外正東房床碓	外正東占門廁	外東南碓磨爐	外東南廚灶門	外東南倉庫栖	外東南占房床	外東南占門碓	外東南碓磨廁	外正南廚灶爐	外正南倉庫門
每日福星	鼠	豬	狗	雞	猴	羊	馬	蛇	龍	兔	虎	牛	鼠	豬	狗

31	30	29	28	27	26	25	24	23	22	21	20	19	18	17	16	15
五	四	三	二	一	日	六	五	四	三	二	一	日	六	五	四	三
						聖誕節 行憲紀念日				冬至	勿探病					
十二月廿八	十二月廿七	十二月廿六	十二月廿五	十二月廿四	十二月廿三	十二月廿二	十二月廿一	十二月二十	十二月十九	十二月十八	十二月十七	十二月十六	十二月十五	十二月十四	十二月十三	十二月十二
癸丑	壬子	辛亥	庚戌	己酉	戊申	丁未	丙午	乙巳	甲辰	癸卯	壬寅	辛丑	庚子	己亥	戊戌	丁酉
酉時	酉未	戌午	亥巳		亥巳	卯時		辰子	巳亥	申戌	戌時	亥時		丑時	子午	寅辰
子卯巳酉	卯辰巳申	寅卯午未	寅卯午未	辰巳午申	丑辰巳午	卯巳午酉	巳未酉戌	寅卯申酉	寅未申酉	卯巳未戌	寅巳午申	辰未申酉	寅卯午未	寅卯午未	卯巳午未	辰巳午酉
●立券 宜：祭祀、嫁娶、安機械、出火、動土、上樑、安床、剃頭、移徙、入宅、求醫治病、開市、 忌：開光、作灶、安葬	宜：入殮、火化、安葬	◎麒麟日 宜：沐浴、剃頭、裁衣、動土、安灶	●宜：上樑、安床、動土 忌：入殮、移徙、入宅、安葬	●宜：納采 忌：沐浴、剃頭	宜：祭祀、祈福、開光、解除、會親友、沐浴、提親、納采、裁衣、安機械、動土、 忌：安灶、入殮、火化、安葬、破土	宜：祭祀、祈福、出行、剃頭、提親、動土、安床 忌：安床、動土、破土	◎日值月破大耗日，破屋壞垣，宜事少取	●上樑、安床、 忌：作灶 宜：祭祀、開光、沐浴、剃頭、提親、納采、裁衣、嫁娶、出火、動土、	宜：祭祀、開光、祈福、會親友、出行、問名、訂盟、提親、安床、移徙、入宅、安香、 忌：火化、安葬、謝土	宜：諸吉道途 忌：平治道塗	宜：開光、解除、剃頭、裁衣、安機械、入殮 車	宜：提親、納采、祈福、會親友、出行、沐浴、剃頭、嫁娶、安機械、上樑、立券、交易、納財、交 忌：祭祀、解除、裁衣、安床、安葬	●宜：祭祀、祈福、上樑、裁衣、移徙、入宅、安香 忌：沐浴、剃頭、出行、安床、	●宜：祭祀、動土、安床、破土 忌：裁衣、動土、安床	宜：祭祀、開光、祈福、解除、會親友、問名、訂盟、提親、納采、 忌：作灶、安床	●宜：祭祀、沐浴、安葬 忌：安床
羊 55	馬 56	蛇 57	龍 58	兔 59	虎 60	牛 61	鼠 62	豬 63	狗 64	雞 65	猴 66	羊 67	馬 68	蛇 69	龍 10	兔 11
東南	正南	西南	西北	東北	東南	正南	西南	西北	東北	東南	正南	西南	西北	東北	東南	正南
正南	正南	正東	正東	正北	正北	正西	正西	東南	東南	正南	正南	正東	正東	正北	正北	正西
房床廁 外東北	倉庫碓 外東北	廚灶床 外東北	碓磨栖 外東北	占大門 外東北	房床爐 內東	倉庫廁 房內東	廚灶碓 房內東	碓磨栖 房內東	門雞栖 房內東	房門床 內東	碓磨爐 房內南	廚灶廁 房內南	占門碓 房內南	占碓磨 房內南	房床栖 內南	倉庫門 房內北
鼠	牛	虎	兔	龍	蛇	馬	羊	猴	雞	狗	豬	鼠	牛	虎	兔	龍

十二月

國曆	星期	節日	農曆	干支	每日登貴	每日吉時	宜忌	每日沖生肖	喜神	財神	每日胎神占方	每日福星
14	二		十一月十一	丙申	辰時	辰巳午酉	●忌：開市；宜：問名、訂盟、提親、解除、會親友、出行、沐浴、剃頭、求醫治病、移徙、出火、上樑、安香、入宅	虎 12	西南	正西	廚灶爐 房內北	蛇
13	一		十一月初十	乙未	巳時	子寅卯午	宜：祭祀、祈福、出行、剃頭、安機械、出火、移徙、入宅、安香	牛 13	西北	東南	碓磨廁 房內北	馬
12	日		十一月初九	甲午	午時	寅卯未戌	◎宜：祭祀、求醫治病、破屋壞垣；日值月破大耗日，宜事少取	鼠 14	東北	東南	占門碓 房內北	羊
11	六		十一月初八	癸巳	申戌	子丑卯巳	●忌：作灶；宜：祭祀、開光、裁衣、嫁娶、會親友、出火、動土、上樑、移徙、入宅、安香、安床灶	豬 15	東南	正南	占房床 房內北	猴
10	五		十一月初七	壬辰	申時	卯巳申酉	◎日值受死日忌諸吉事	狗 16	正南	正南	倉庫栖 外正北	雞
9	四		十一月初六	辛卯	亥未	寅午未申	◎宜：祭祀、解除、會親友、剃頭、安機械、動土、上樑、安床、入殮、火化、安葬	雞 17	西南	正東	廚灶門 外正北	狗
8	三		十一月初五	庚寅	子午	午未酉戌	●鳳凰日；宜：開光、納財、解除、會親友、剃頭、裁衣、上樑、開市、立券	猴 18	西北	正東	碓磨爐 外正北	豬
7	二	大雪	十一月初四	己丑	巳巳	巳午申酉	節前宜：開光、沐浴、剃頭、裁衣、會親友、安床；節後宜：祭祀、開光、訂盟、提親、納采、解除、會親友、沐浴、剃頭、求醫治病、問名	羊 19	東北	正北	占門廁 外正北	鼠
6	一		十一月初三	戊子	子時	丑辰巳未	◎宜：祭祀、開光、訂盟、提親、納采、解除、裁衣、嫁娶、安床、出火、動土、上樑、移徙、入宅、安香、入殮	馬 20	東南	正北	房床碓 外正北	牛
5	日		十一月初二	丁亥	寅時	寅卯午未	◎宜：祭祀、沐浴	蛇 21	正南	正西	倉庫床 外西北	虎
4	六		十一月初一	丙戌	寅時	卯巳午未	◎日全食台灣不可見，宜事照常	龍 22	西南	正西	廚灶栖 外西北	兔
3	五		十月廿九	乙酉	巳丑	丑寅辰巳	◎日逢真滅沒宜事不取	兔 23	西北	東南	碓磨門 外西北	龍
2	四		十月廿八	甲申	午子	卯辰巳未	◎宜：祭祀、裁衣、安床、入殮、破土、火化、安葬、謝土	虎 24	東北	東南	占門爐 外西北	蛇
1	三		十月廿七	癸未	申戌	卯巳午未	●忌：動土、破土；宜：納采、入殮、火化、安葬、開市、問名、訂盟、提親	牛 25	東南	正南	房床廁 外西北	馬

臉譜叢書　FF1108G

2021開運大預言&金牛年開運農民曆

作　　　者　雨揚老師
編 輯 總 監　劉麗真
責 任 編 輯　謝至平
協 力 編 輯　雨揚科技文創部
行 銷 業 務　陳彩玉、楊凱雯、陳紫晴、葉晉源
攝　　　影　陳奕翔
梳　　　化　郭彥伶、林荷旻
美 術 設 計　萬亞雰

發 行 人　涂玉雲
總 經 理　陳逸瑛
出　版　臉譜出版
　　　　城邦文化事業股份有限公司
　　　　台北市民生東路二段141號5樓
　　　　電話：886-2-25007696　傳真：886-2-25001952
發　　行　英屬蓋曼群島商家庭傳媒股份有限公司城邦分公司
　　　　台北市中山區民生東路141號11樓
　　　　客服專線：02-25007718；25007719
　　　　24小時傳真專線：02-25001990；25001991
　　　　服務時間：週一至週五上午09:30-12:00；下午13:30-17:00
　　　　劃撥帳號：19863813　戶名：書虫股份有限公司
　　　　讀者服務信箱：service@readingclub.com.tw
　　　　城邦網址：http://www.cite.com.tw
香港發行所　城邦（香港）出版集團有限公司
　　　　香港灣仔駱克道193號東超商業中心1樓
　　　　電話：852-25086231或25086217　傳真：852-25789337
　　　　電子信箱：hkcite@biznetvigator.com
新馬發行所　城邦（新、馬）出版集團
　　　　Cite（M）Sdn. Bhd.（458372U）
　　　　41, Jalan Radin Anum, Bandar Baru Sri Petaling,
　　　　57000 Kuala Lumpur, Malaysia.
　　　　電話：603-90578822　傳真：603-90576622
　　　　電子信箱：services@cite.com.my
一 版 一 刷　2020年11月

城邦讀書花園
www.cite.com.tw

ISBN 978-986-235-874-0

國家圖書館出版品預行編目資料

2021開運大預言&金牛年開運農民曆／雨
揚老師著. -- 一版. -- 臺北市　：臉譜出版；
家庭傳媒城邦分公司發行, 2020.11
　面；　公分. --（臉譜叢書；FF1108G）
ISBN 978-986-235-874-0（平裝）

1.生肖　2.改運法

293.1　　　　　　　　　　　　109013743